Claudia Verginia Dametto Joaquim
Milton Sgambatti Júnior

Álgebra

Caderno de Atividades

8º ano

Volume 2

Editora
Policarpo

Capa: André Rebelo

Dados Internacionais de Catalogação na Publicação (CIP)
(Câmara Brasileira do Livro, SP, Brasil)

Joaquim, Claudia Verginia Dametto. Sgambatti, Milton Júnior.

Álgebra: caderno de atividades: 8º ano, volume 2/
Matemática / Claudia Verginia Dametto Joaquim, Milton Sgambatti Júnior.
– São Paulo: Editora Policarpo, 5ª Ed. - 2016. Bibliografia
ISBN: 978-85-87592-36-1

1. Matemática 2.Álgebra 3. Ensino fundamental I. Joaquim, Claudia Verginia Dametto II.
Sgambatti, Milton Júnior. III.Título.

09-10134 CDD-372-7

Índices para catálogo sistemático:
1. Matemática: Ensino Fundamental: 372.7

Editora Policarpo Ltda.
Rua Dr. Rafael de Barros, 185 – Conj. 12 – São Paulo – SP – CEP 04003–041
Tel./Fax (11) 3288-0895
Tel.: (11) 3284-8916

Horários dos plantões

dia da semana	horário	sala	professor

Horários dos atendimentos

dia da semana	horário	sala	professor

Cronograma de auto estudo

data	assunto	tarefa	observações

Verificação da apostila

data	observações	visto

Índice

Fatoração

Fatorar uma expressão algébrica ou um número significa transformar essa expressão e/ou número num produto indicado de polinômios ou de polinômios e monômios.
Observe:

Fatoração de um número

Decompor 45 em fatores primos.

45 |

Portanto 45 = ______

↳ forma fatorada de um número

Decompor 60 em fatores primos

Fatoração de uma expressão algébrica

1º caso : Colocação de um fator comum em evidência

$ab+ac=a(b+c)$

↳ fator comum colocado em evidência

1. Fatore

a) $4x-4y$

b) $3x-3y$

c) $2y^2-4y$

d) y^2-y

e) a^3+2a^2

f) a^2+4a

g) $10x^2-15$

h) $25x^3-x^2$

i) $4ab-6ab^2$

j) $ax-bx+cx$

2. Fatore

a) $7a+7b$

b) $xy-xz$

c) $ax+ay$

d) $7a^2-7a$

e) $xy+2x$

f) a^3x+a^2y

g) $4x^3+2x^2+2x$

h) $a^3x^2+a^2x^4$

i) $8a^3b^2-4a^2b+4ab$

j) $15x^3y^2-5x^2y^2$

3. Fatore

a) $ax^2 - ay^3$

b) $9x^2 - 90$

c) $100x^2y^2 - 10xy$

d) $25a^2 - 5a$

e) $18x^6 - 15x^4$

f) $ab + ac - ad$

g) $\frac{1}{2}x^2 + \frac{1}{4}y^2$

h) $\frac{2}{5}a^2b + \frac{6}{15}ab^2$

i) $\frac{1}{4}am^2 - \frac{1}{8}a^2m^2$

j) $\frac{1}{2}x - \frac{1}{6}y$

4. Fatore o máximo possível

a) $3a^7 - 5a^5 - 4a^3 + 2a^2 - a$

b) $a^7 - 7a^4 + 4a^6 - 9a^5 - 7a^3$

c) $17a^3b^2c - 51a^4b^3cm + 85a^5b^2c$

d) $35x^4y^3z - 21x^6y^2z^3 + 84x^3y^5z$

e) $70x^7b^2 + 84x^6b^3 - 98x^5b^4 + 14x^4b^5$

2º Caso : Agrupamento

$ax + ay + bx + by = a(x + y) + b(x + y) = (x + y)(a + b)$

5. Fatore

a) $4a - 4b + ax - bx$

b) $3x + 3y + bx + by$

c) $xy + x + ay + a$

d) $a^5 - 2a^3 + 3a^2 - 6$

e) $a^3 + 2a^2b - 3a - 6b$

f) $am - an + mb - bn$

g) $ay + 2by + ax + 2bx$

h) $3ax + bx + 3ay + by$

i) $2a - 2b + ac - bc$

j) $3ax - 2bx + 9ay - 6by$

6. Fatore

a) $7x+7y+ax+ay$

b) $2a+2b+ax+bx$

c) $ax-bx+ay-by$

d) $9x+9y+bx+by$

e) $ax-ay+x-y$

f) $abx^2+aby^2+cx^2+cy^2$

g) $x^4+9x^3-6x-54$

h) a^3+a^2-5a-5

i) $ax-2ay+5bx-10by+11cx-22cy$

j) $x^2-xy+ax-ay$

7. Fatore completamente cada expressão a seguir

a) $9x^3y+3x^2y^2-12x^2y-4xy^2$

b) $24x^4-12x^3y^2-16x^3y+8x^2y^3$

c) $x^3-5x^2-2x+10$

d) $-6x^2+4xy-9xy^2+6y^3$

e) $8xy^2-6xy-20y^2+15y$

f) $-24xy+20x+15x^2-32y$

g) $8y-12x-4x^2y^2+6x^3y$

h) $15a^2-10ab+12ab^2-8b^3$

i) $6m^2n^2-24mn^2-14m^2n+56mn$

j) $6x^2y^2 - 10xy^2 + 12x^2y - 20xy$

8. Fatore

a) $3x^3 - 48x^2 + 5x - 80$

b) $81x^3 - 405x^2 + 75x - 375$

c) $2x^2 - 12x + 20$

d) $6a^3 - 3a^2b - 2ab^2 + b^3$

e) $x^3 - x^2y + xy^2 - x^2 + xy - y^2$

3º caso : Diferença de quadrados

$$a^2 - b^2 = (a+b)(a-b)$$

Exemplos:

$$a^2 - 9 = (a)^2 - (3)^2 = (a+3)(a-3)$$

$$x^2 - \frac{1}{16} = (x)^2 - \left(\frac{1}{4}\right)^2 = \left(x + \frac{1}{4}\right)\left(x - \frac{1}{4}\right)$$

9. Fatore as expressões algébricas a seguir

a) $x^2 - y^2$

b) $x^2 - 25$

c) $y^2 - 9$

d) $m^2 - n^2$

e) $9x^2 - 25$

f) $4x^2 - 1$

g) $9a^2 - 4b^2$

h) $16x^2 - 9y^2$

i) $9x^2 - 25y^2$

j) $x^2 - 9y^2$

10. Fatore as expressões algébricas a seguir

a) $x^2 - 81y^2$

b) $9x^2 - 1$

c) $4a^2 - 9$

d) $a^2 - 36b^2c^2$

e) $49y^2 - 16$

f) $x^2 - 25y^2$

g) $9x^2y^2 - 4z^2$

h) $-m^2 + 121n^2$

i) $-4a^2 + 49m^2$

j) $100x^2 - 81y^2z^4$

11. Fatore

a) $x^2 - \frac{1}{x^2}$

b) $a^2 - \frac{1}{m^2}$

c) $-a^2 + \frac{1}{4b^2}$

d) $4a^2b^2 - \frac{1}{4}$

e) $9a^2 - \frac{1}{4a^2}$

f) $x^2y^2 - \frac{1}{y^2}$

g) $-a^2 + \frac{1}{b^2}$

h) $16x^2 - \frac{1}{16x^2}$

i) $-9x^2 + \frac{1}{36x^2}$

j) $9x^2 - \frac{49}{36y^2z^2}$

12. Fatore as expressões algébricas a seguir

a) $x^2 - \frac{81}{x^2}$

b) $49a^2 - \frac{36}{m^2}$

c) $-\frac{a^2}{9} + \frac{1}{4b^2}$

d) $\frac{4a^2}{81} - \frac{y^4}{4}$

e) $-9a^2b^2 + \frac{121}{4a^2}$

f) $\frac{x^2}{25} - \frac{16a^2}{y^2}$

g) $-64a^2 + \frac{100}{b^2}$

h) $225x^2 - \frac{196}{x^2}$

i) $-\frac{m^2}{a^4} + \frac{1}{36x^2}$

j) $9x^2y^2 - \frac{49}{36}$

13. Fatore completamente as expressões algébricas a seguir

a) $a^2b^2 - 1$

b) $x^2 - y^4$

c) $x^4 - y^4z^6$

d) $x^2 - y^6$

e) $4x^2 - y^4$

f) $9a^4b^2 - 4m^2$

g) $a^4 - 1$

h) $4a^6 - 9$

i) $-a^4 + 9b^2$

j) $36x^4y^2 - 4$

14. Fatore as expressões algébricas a seguir

a) $a^2b^2 - \frac{c^4}{16}$

b) $x^2 - \frac{y^4}{81m^2}$

c) $4x^4 - 121y^2z^8$

d) $\frac{9a^4b^2}{64} - 4m^2$

e) $m^2n^4 - \frac{81}{16}$

f) $-196 + \frac{1}{x^2y^6}$

15. Fatore as expressões a seguir, prestando muita atenção a cada uma delas para poder identificar corretamente cada caso.

a) $81x^3y-9xy$

f) $16x^4-81y^8$

b) $100a^6-64a^2$

g) $64x^7y-xy^5$

c) $9x^2y-25xy^2$

h) $x^2y^2-16m^4$

d) $36x^4y^2-4x^2y^4$

i) $720a^4b^2c-45b^4c$

e) $63x^5-112x^3$

j) $180a^3bc^5-5ab^3c^5$

16. Qual o valor de 152^2-153^2.

17. Qual o valor numérico de $12534897^2-12534896^2$

18. Qual o valor numérico de x^2-y^2 quando $x=5982$ e $y=5992$.

19. Qual o valor numérico de ax^4-ay^2 quando $a=100, x=14$ e $y=195$.

20. Qual o valor de $A=2xa^2-2xb^4$ quando $x=20, a=120$ e $b=11$.

21. Determine o valor numérico de $E=4m^2-\frac{n^2}{25}$ quando $m=500$ e $n=1500$.

22. Encontre o valor de $E = 16m^2 - n^2$ quando $m = 5\sqrt{2} - 6$ e $n = 20\sqrt{2} + 8$.

23. Encontre o menor valor de $k \in IN$ que somado a expressão $25x^2 - 6$ a torna uma diferença de quadrados.

24. Ache o menor dos valores de $k \in IN$ que somado a expressão $81x^2 - 2$ faz com que ela represente uma diferença de quadrados.

4º caso : Trinômio quadrado perfeito

$a^2 + 2ab + b^2 = (a+b)^2$

$a^2 - 2ab + b^2 = (a-b)^2$

Observe que este caso sempre tem 3 monômios e que dois deles devem ser quadrados perfeitos.
Exemplos:

$a^2 + 6a + 9 = (a)^2 + 2.a.3 + (3)^2 = (a+3)^2$

$x^2 - 4x + 4 = (x)^2 - 2.x.2 + (2)^2 = (x-2)^2$

25. Fatore as expressões algébricas a seguir

a) $a^2 + 2ab + b^2$

b) $x^2 - 10x + 25$

c) $y^2 + 6y + 9$

d) $a^2 + b^2 - 2ab$

e) $9x^2 + 30x + 25$

f) $4x^2 + 4x + 1$

g) $4a^2 + 12ab + 9b^2$

h) $16x^2 + 24xy + 9y^2$

i) $9x^2 + 25y^2 - 30xy$

j) $x^2 - 6xy + 9y^2$

26. Fatore as expressões algébricas a seguir

a) $x^2 + 6xy + 9y^2$

b) $9x^2 - 6x + 1$

c) $4a^2 - 12a + 9$

d) $a^2 + 36b^2 - 12ab$

e) $y^2 + 8y + 16$

f) $x^2 - 10xy + 25y^2$

g) $9y^2 - 12xy + 4x^2$

h) $m^2 + 121n^2 - 22mn$

i) $4a^2 + 28am + 49m^2$

j) $100x^2 + 180xy + 81y^2$

27. Fatore

a) $x^2+2+\dfrac{1}{x^2}$

b) $a^2+\dfrac{2a}{m}+\dfrac{1}{m^2}$

c) $a^2+\dfrac{1}{4b^2}-\dfrac{a}{b}$

d) $4a^2-2a+\dfrac{1}{4}$

e) $9a^2+3+\dfrac{1}{4a^2}$

f) $x^2-\dfrac{2x}{y}+\dfrac{1}{y^2}$

g) $a^2+\dfrac{2a}{b}+\dfrac{1}{b^2}$

h) $16x^2+2+\dfrac{1}{16x^2}$

i) $9x^2+\dfrac{1}{36x^2}+1$

j) $9x^2+\dfrac{1}{36}+x$

28. Fatore completamente as expressões algébricas a seguir

a) $a^2b^2+2ab+1$

b) $x^2+2xy^2+y^4$

c) $x^4+2x^2y^2+y^4$

d) $x^2+2xy^3+y^6$

e) $4x^2-4xy^2+y^4$

f) $9a^4b^2-12a^2bm+4m^2$

g) a^4-2a^2+1

h) $4a^6+12a^3+9$

i) $a^4+6a^2b+9b^2$

j) $36x^4y^2-24x^2y+4$

29. Fatore completamente as expressões algébricas a seguir

a) $(a+b)^2-36$

b) $(a-b)^2-4$

c) $(2a+b)^2-9$

d) $(3a+2b)^2-25$

e) $(a-2b)^2-1$

30. Fatore completamente as expressões algébricas a seguir

a) $(a-b)^2-(a+b)^2$

b) $(a-2b)^2-(3a+b)^2$

c) $(2a+b)^2-(a+b)^2$

d) $(3a+b)^2-(2a-3b)^2$

e) $(a+2b)^2-(b+4a)^2$

31. Fatore completamente as expressões algébricas.

a) $x^2-4xy-4y^2-4$

b) $4x^2-12xy+9y^2-9$

c) $9x^2+6xy+y^2-25$

d) $m^2-2m+1-n^2$

32. Fatore completamente as expressões a seguir, prestando muita atenção a cada uma delas para poder identificar corretamente cada caso

a) $2x^3+8x^2y+8xy^2$

b) $16a^4-72a^2+81$

c) $9x^2-6xy+y^2-25$

d) $36x^4y^2-24x^3y^3+4x^2y^4$

e) $48x^5-72x^3+27x$

f) $25x^2-20xy+4y^2-36$

g) $64x^6+16x^3y+y^2$

h) x^2y^2-16

i) $625a^4-81b^4$

j) $225a^6-16b^4$

33. Fatore o máximo possível cada expressão

a) $x^2-xy+xz-yz$

b) $ax+bx+cx$

d) $81x^4y^2-144x^2y^4$

e) $24x^4-12x^3y^2-16x^3y+8x^2y^3$

c) $38a^3b^4c-57a^3b^3d-95a^4b^3d$

f) $49x^6-y^2$

d) $x^6+2x^3y+y^2$

i) x^4-144

e) $\dfrac{x^2}{36}-\dfrac{y^2}{121}$

j) $8x^3-4x^2y-18xy^2+9y^3$

34. Qual o valor numérico de $534861^2-534860^2$

35. Qual o valor numérico de $x^2-2xy+y^2$ quando $x=2972$ e $y=2980$

36. Qual o valor numérico de $ax-ay+bx-by$ quando $a=10$, $b=21$, $x=2100$ e $y=2097$

37. Qual o valor de $A=2x^2+10x-xy-5y$ quando $x=2500$ e $y=5000$

38. Determine o valor numérico de $A=4m^2-\dfrac{20m}{n}+\dfrac{25}{n^2}$ quando $m=3$ e $n=15$

39. Determine o valor numérico de $M = 36x^2 + \dfrac{60x}{y} + \dfrac{25}{y^2}$ quando $x = -\dfrac{1}{3}$ e $y = \dfrac{5}{32}$.

40. Encontre o valor de $E = 16m^2 - 8mn + n^2$ quando $m = \sqrt{2} + 5$ e $n = 4\sqrt{2} + 15$.

41. Qual o valor de $152346^2 - 152345^2$.

42. Que número $k \in IR$ deve ser somado a expressão $25x^2 - 30x + 6$ para que ela seja um trinômio quadrado perfeito?

5º caso : Trinômio de 2º grau (Produto de Stevin)

$$x^2 + \underbrace{(a+b)}_{\text{soma}}x + \underbrace{ab}_{\text{produto}} = (x+a)(x+b)$$

Exemplos:

$x^2 + 5x + 6 = x^2 + (2+3)x + 2.3 = (x+2)(x+3)$

$x^2 - 5x + 6 = x^2 + (-2-3)x + (-2).(-3) = (x-2)(x-3)$

$x^2 - 5x - 6 = x^2 + (-6+1)x + (-6).1 = (x-6)(x+1)$

$x^2 + 5x - 6 = x^2 + (6-1)x + 6.(-1) = (x+6)(x-1)$

43. Fatore as expressões algébricas a seguir

a) $x^2 + 7x + 10$

b) $x^2 - 5x - 14$

c) $x^2 + 9x + 20$

d) $x^2 - x - 56$

e) $x^2 + 3x - 18$

f) $x^2 + x - 72$

g) $x^2 + 6x - 55$

h) $x^2 - 9x + 14$

i) $x^2 - 24x + 81$

j) $x^2 + 7x - 8$

44. Fatore as expressões algébricas a seguir

a) $x^2 - 15x + 36$

b) $a^2 - 10a - 24$

c) $m^2 - m - 12$

f) $x^2 - 29x + 100$

g) $x^2 - 5x + 6$

h) $x^2 - 6x + 8$

d) m^2-4m+3

e) $x^2-26x+25$

i) x^2+x-42

j) $a^2+2a-35$

45. Fatore completamente as expressões algébricas a seguir

a) x^4-13x^2+36

b) x^4-29x^2+100

c) x^4-26x^2+25

d) x^4+6x^2+5

e) x^6-5x^3+6

f) x^6+3x^3-10

g) x^8-15x^4+36

h) x^4+7x^2+12

i) x^6-8x^3+12

j) x^8-8x^4+15

46. Fatore completamente as expressões a seguir, prestando muita atenção a cada uma delas para poder identificar corretamente cada caso

a) $x^6-4x^4+3x^2$

b) $a^2-ab+a-b$

c) $2x^3y+12x^2y+16xy$

d) $x^2+2x-35$

e) $4x^5y^2-8x^4y^2-60y^2$

f) $m^2-2mn+n^2$

g) $36a^2b^4-1$

h) $2xw+4xy-6x-3wz-6yz+9z$

i) $9a^2+12ab+4b^2$

j) x^2-x-30

47. Fatore completamente cada expressão a seguir

a) x^3-x

b) x^3+2x^2+x

c) x^3+x^2+4x+4

d) x^3+10x^2+25x

e) $20-5a^2$

f) m^2n+n-m^2-1

g) $15a^3+5a^2+3ab^2+b^2$

h) $a^{16}-1$

6º caso : Soma ou diferença de cubos

$$a^3 + b^3 = (a+b)(a^2 - ab + b^2)$$

$$a^3 - b^3 = (a-b)(a^2 + ab + b^2)$$

Exemplos:

$$x^3 + 8 = x^3 + 2^3 = (x+2)(x^2 - 2x + 2^2) = (x+2)(x^2 - 2x + 4)$$

$$x^3 - 27 = x^3 - 3^3 = (x-3)(x^2 + 3x + 3^2) = (x \quad 3)(x^2 + 3x + 9)$$

$$8x^3 - 1 = (2x)^3 - 1^3 = (2x-1)\left[(2x)^2 - 2x.1 + 1^2\right] = (2x-1)(4x^2 + 2x + 1)$$

48. Fatore completamente as expressões algébricas a seguir

a) $a^3 + 8$

b) $x^3 + 27$

c) $64x^3 - 1$

d) $8 - 27m^3$

e) $a^3 + 64b^3$

f) $64x^3 - 27y^3$

g) $216m^3 - 125n^3$

h) $x^3 - 216$

i) $x^3 + 125$

j) $8m^3 - 64$

49. Fatore completamente as expressões algébricas a seguir

a) $8 - a^3$

b) $64 + 27x^3$

c) $125x^6 - y^3$

d) $8 - 27x^9$

e) $1 - x^6$

f) $343x^6 + 8$

g) $x^6 - y^6$

h) $8x^6 + 1$

i) $x^6 + y^3$

j) $x^9 - 512$

50. Fatore completamente as expressões algébricas a seguir

a) $x^4 - 8x$

b) $x^4y + xy^4$

c) $24x^5 - 3x^2$

d) $x^3 - \dfrac{1}{y^3}$

e) $64x^6 - 729$

f) $x^3 - \dfrac{1}{8}$

g) $27a^3 - \dfrac{1}{125}$

h) $\dfrac{a^3}{8} - 27$

i) $\dfrac{1}{8} - 64x^6$

j) $x^3 - 125y^3$

51. Fatore completamente cada expressão a seguir

a) $x^9 - 1$

f) $2x^4y - 16xy^3$

b) $8 - y^3$

g) $x^4 + 2x^3 - x - 2$

c) $x^3 + 27$

h) $8x^5 - 8x^3 + x^2 - 1$

d) $16x^3 - 54y^3$

i) $2x^5 + 2x^4 - 54x^2 - 54x$

e) $8x^3 - \dfrac{1}{64}$

j) $x^7 + x^4 - x^3 - 1$

52. Fatore completamente cada expressão a seguir

a) $a^3b^6 - 1$

f) $a^6 - b^{12}$

b) $8a^3 - m^6n^3$

g) $9x^2y^6 - 9x^5 - y^{10} + x^3y^4$

c) $64x^6 - y^6$

h) $a^8 - 1$

d) $32x^4 - 72x^3 - 4x + 9$

i) $16m^4 - 8m^3 + 54m - 27$

e) $2x^6 - 4x^4 + 8x^3 - 16x$

j) $a^3 + a^2 - a - 1$

53. Qual o valor numérico de $A = x^3 + \dfrac{1}{y^3}$ quando $x = 500$ e $y = -\dfrac{1}{500}$.

54. Qual o valor numérico de $x^2y - y^3$ quando $x = 1001$ e $y = 1000$.

55. Qual o menor valor de $m \in IN$ que deve ser somado a expressão $x^3 + 2$ para que ela se torne uma soma de cubos?

56. Qual o valor de $A = x^3 - 8y^3$ quando $x = 200$ e $y = 100$.

57. Qual o menor valor de $k \in IN$ que deve ser subtraído da expressão $m^3 - 9$ para que ela seja uma diferença de cubos?

7º caso : Cubo Perfeito

$$\begin{cases} a^3 + 3a^2b + 3ab^2 + b^3 = (a+b)^3 \\ a^3 - 3a^2b + 3ab^2 - b^3 = (a-b)^3 \end{cases}$$

Exemplos:

$$x^3 + 3x^2 + 3x + 1 = x^3 + 3.x^2.1 + 3.x.1^2 + 1^3 = (x+1)^3$$

$$x^3 - 6x^2 + 12x - 8 = x^3 - 3.x^2.2 + 3.x.2^2 - 2^3 = (x-2)^3$$

58. Fatore as expressões algébricas a seguir

a) $a^3 + 3a^2b + 3ab^2 + b^3$

b) $x^3 + 3x^2y + 3xy^2 + y^3$

c) $x^3 - 6x^2 + 12x - 8$

d) $8x^3 + 12x^2 + 6x + 1$

e) $64x^3 - 48x^2 + 12x - 1$

f) $m^3 + 3m^2 + 3m + 1$

g) $x^3 + 9x^2 + 27x + 27$

h) $27x^3 + 27x^2 + 9x + 1$

i) $x^3 + 6x^2 + 12x + 8$

j) $m^3 + 3m^2a + 3ma^2 + a^3$

59. Fatore as expressões algébricas a seguir

a) $a^3 - 3a^2b + 3ab^2 - b^3$

b) $x^3 - 3x^2y + 3xy^2 - y^3$

c) $27x^3 - 54x^2 + 36x - 8$

d) $8x^3 + 60x^2 + 150x + 125$

e) $x^3 - 12x^2 + 48x - 64$

f) $8a^3 + 36a^2 + 54a + 27$

g) $27x^3 - 54x^2 + 36x - 8$

h) $8x^3 + 12x^2 + 18x + 27$

i) $x^3 - 9x^2 + 27x - 27$

j) $b^3 - 3b^2a + 3ba^2 - a^3$

60. Fatore as expressões algébricas a seguir

a) $x^3-3x^2y^2+3xy^4-y^6$

b) $27x^6+27x^4+9x^2+1$

c) $a^9+3a^6b^2+3a^3b^4+b^6$

d) $27a^3-54a^2b+36ab^2-8b^3$

e) $x^6-12x^4+48x^2-64$

f) $8m^3-12m^2n^2+6mn^4-n^6$

g) $27+54a^4+36a^8+8a^{12}$

h) $1+3ab^2+3a^2b^4+a^3b^6$

i) $x^3-9x^2y+27xy^2-27y^3$

j) $512x^9-192x^6+24x^3-1\,1+3ab^2+3a^2b^4+a^3b^6$

61. Fatore as expressões algébricas a seguir

a) $x^3+x^2+\frac{x}{3}+\frac{1}{27}$

b) $a^3-\frac{3a^2}{2}+\frac{3a}{4}-\frac{1}{8}$

c) $8x^3+2x^2+\frac{x}{6}+\frac{1}{216}$

d) $\frac{m^3}{8}+\frac{3m^2n}{4}+\frac{3mn^2}{2}+n^3$

e) $x^3-\frac{3a^2}{5}+\frac{3a}{25}-\frac{1}{125}$

f) $\frac{x^3}{64}+\frac{3x^2}{16}+\frac{3x}{4}+1$

g) $8x^3+4x^2+\frac{2x}{3}+\frac{1}{27}$

h) $64x^3+8x^2y+\frac{xy^2}{3}+\frac{y^3}{216}$

i) $a^3-\frac{a^2}{2}+\frac{a}{12}-\frac{1}{216}$

j) $\frac{x^3}{8}+\frac{3x^2a}{4}+\frac{3xa^2}{2}+a^3$

62. Fatore completamente cada expressão algébrica a seguir

a) $16x^4+72x^3+108x^2+54x$

b) $64x^6-48x^4+12x^2-1$

c) $64x^6-96x^5+48x^4-8x^3$

d) $27a^6b^3+54a^5b^4+36a^4b^5+8a^3b^6$

e) $27x^9-81x^7+81x^5-27x^3$

f) $16x^5y^2-128x^2y^5$

g) $5x^4+10x^3-40x-80$

h) $8x^5-32x^3+x^2-4$

i) $2x^6-2x^4-54x^3+54x$

j) $x^7+8x^4-x^3-8$

63. Qual o valor numérico de $27x^3 - 54x^2 + 36x - 8$ quando $x = \dfrac{2}{3}$.

64. Qual o valor numérico de $27x^3 - 54x^2y + 36xy^2 - 8y^3$ quando $x = 212$ e $y = 316$.

65. Qual o valor numérico de $8a^3 - 12a^2b + 6ab^2 - b^3$ quando $a = 100$ e $b = 198$.

66. Qual o menor valor de $m \in IN$ que deve ser somado à expressão $8x^3 + 12x^2 + 6x$ para que ela se torne um cubo perfeito?

67. Qual o valor de $A = 10m^3 - 80n^3$ quando $m = 200$ e $n = 100$.

68. Qual o menor valor de $k \in IN$ que deve ser somado à expressão $x^3 + 6x^2 + 12x + 3$ para que ela se torne um cubo perfeito?

69. Qual o menor valor de $a \in IN$ que deve ser subtraído da expressão $x^3 - 9x^2 + 27x - 5$ para que ela se torne um cubo perfeito?

70. Qual o menor valor de $c \in IN$ que deve ser subtraído da expressão $x^3 - 12x^2 + 48x + 10$ para que ela se torne um cubo perfeito?

71. Qual o menor valor de $m \in IN$ que deve ser subtraído da expressão $a^2 + 12a + 125$ para que ela se torne um quadrado perfeito?

8º caso : Artifícios

Exemplo 1

$4x^4+5x^2+1$

Como este não é nenhum caso específico de fatoração, vamos tentar fazer um agrupamento. Para isto precisamos "arrumar" um fator para ser o par do fator 1. Vamos **tentar separar** o $5x^2$ em $4x^2+x^2$:

$4x^4+5x^2+1$

$4x^4+4x^2+x^2+1$

Agora podemos fazer o agrupamento dois a dois:

$4x^2\left(x^2+1\right)+\left(x^2+1\right)$

$\left(x^2+1\right)\left(4x^2+1\right)$

Exemplo 2

x^3+x-2

Seguindo o mesmo princípio do exemplo 1. Procuramos um fator para ser o "par" do fator x^3; vamos **tentar separar** o –2 em $-1-1$

$x^3+x-1-1$

$x^3-1+x-1$

x^3-1^3+x-1

Como o primeiro é uma **diferença de cubos**:

$(x-1)\left(x^2+x+1\right)+(x-1)$

Colocando o $(x-1)$ em evidência:

$(x-1)\left[\left(x^2+x+1\right)+(1)\right]$

$(x-1)\left(x^2+x+2\right)$

Exemplo 3

$x^3-6x^2+11x-6$

$x^3-6x^2+11x-6$

Primeiro separamos o $11x$ em $5x+6x$:

$x^3-6x^2+5x+6x-6$

Agora que já temos um fator para ser o par do fator –6, precisamos de um outro para fazer o par com 5x, então separaros o $-6x^2$ em $-x^2-5x^2$:

$x^3-x^2-5x^2+5x+6x-6$

Agora podemos fazer o **agrupamento** dois a dois:

$x^3-x^2-5x^2+5x+6x-6$

$x^2(x-1)-5x(x-1)+6(x-1)$

$(x-1)\left(x^2-5x+6\right)$

$(x-1)(x-2)(x-3)$

Exemplo 4

x^4+x^2+1

x^4+x^2+1 Primeiro vamos tentar fazer este trinômio se tornar um **trinômio quadrado perfeito**, trocando o x^2 por $2x^2-x^2$:

$x^4+2x^2-x^2+1$ Colocamos o x^2 no final da expressão para não "atrapalhar":

$x^4+2x^2+1-x^2$ Agora que já temos um **trinômio quadrado perfeito** começamos a fatoração:

$(x^2+1)^2-x^2$

$(x^2+1)^2-x^2$ Agora temos uma **diferença de quadrados**:

$[(x^2+1)+x][(x^2+1)-x]$

$(x^2+1+x)(x^2+1-x)$

$(x^2+x+1)(x^2-x+1)$

72. Fatore completamente cada uma das expressões a seguir

a) $3x^2+2x-5$

b) $2x^2+7x+5$

c) $4x^2-9x+5$

d) $2x^2-x-3$

e) $5x^4-x^2-6$

f) $3x^6-7x^3+4$

73. Fatore completamente cada uma das expressões a seguir

a) $4x^4-5x^2+1$

d) $x^3-8x^2+19x-12$

b) $x^3+6x^2+11x+6$

e) x^3-2x^2+2x-1

c) x^3+3x^2-7x+3

f) $x^3-x^2-10x+8$

74. Fatore completamente cada uma das expressões a seguir

a) x^3+x^2-5x+3

d) $x^4+x^2y^2+y^4$

b) $2x^3-9x^2+10x-3$

e) $x^4-x^2y^2+y^4$

c) x^4+3x^2+4

f) x^4-3x^2+9

75. Fatore completamente cada uma das expressões a seguir

a) $2x^3-3x^2-2x+3$

e) x^3+x-2

b) $x^3 - 2x - 4$

f) $x^3 - 4x + 15$

c) $x^3 + x - 10$

g) $x^3 - 7x - 6$

Máximo Divisor Comum – MDC

Máximo Divisor Comum entre dois ou mais números é o produto de todos os fatores primos comuns de cada um dos números, considerando-se sempre o de menor expoente.

Exemplo:
mdc(8,12) =

8 | 12 |

Fatores comuns:

mdc(24,48,6) =

24 | 48 | 6 |

Fatores comuns:

mdc(20,36,48) =

mdc(125,30,500) =

Máximo Divisor Comum de monômios e polinômios

76. Calcular o mdc de

a) $x^2 ; x^3 ; x$

b) $x^2y ; xy^2 ; xy$

c) $3x^3y ; 4x^2y^3$

d) $2x ; x^2 ; 3x ; 4x^2$

e) $6a^2b^3 ; 4a^2b^6 ; 2ab^3$

f) $3x^2y\,;4xz^2\,;5y^2z$

g) $a\,;b\,;c$

h) $14a^3b^3\,;28a^2b\,;a^3b^2$

i) $2\,;a\,;b^2\,;2ab^2$

j) $72x^3y\,;96y^2$

77. Calcular o mdc de

a) $(a+b)^2\,;(a+b)$

b) $(x-y)^2\,;(x+y)(x-y)\,;(x+y)^2(x-y)$

c) $(x-y)(x+y)\,;(x+y)^2\,;(x+y)(x-y)^2$

d) $2(a+b)^2\,;6a(a+b)$

e) $x^2(x-y)(x+y)\,;3x(x-y)^2\,;2x(x-y)$

78. Calcular o mdc de

a) $a^2+2ab+b^2\,;a^2-b^2$

b) $a^2-b^2\,;a^2-2ab+b^2\,;(a-b)^2$

c) $(a+b)^3\,;a^2+2ab+b^2\,;a^2-b^2$

d) $x^2-y^2\,;x^2+2xy+y^2\,;x^2-2xy+y^2$

79. Calcular o mdc de

a) $4x^3-4x\,;2x^3+4x^2+2x\,;3x^3-6x^2+3x$

b) $x^2+4x+4\,;x^2-4\,;2x^2+4x$

c) $x^2-1\,;x^2+2x-3$

d) $a^2-1\,;6a+6$

e) $ab\left(x^2+2xy+y^2\right);a^2b\left(x^2-y^2\right);a^2b^3$

f) $2x^3-4x^2-6x\,;3x^3-3x^2-18x\,;x^4-4x^3+3x^2$

g) $2a\left(a^2-2ab+b^2\right);4a\left(a^2-b^2\right);5a^2\left(a^2+2ab+b^2\right)$

h) $a^2-b^2;3(a^4-b^4)$

i) $x^2-1\,;2x+2\,;x^2-3x-4$

j) $x^2-5x+6\,;x^2-x-6\,;x^2-4x+3$

Frações algébricas

Frações algébricas são frações que apresentam no denominador além de números, variáveis (expressões algébricas racionais fracionárias).
Vale lembrar que o denominador de uma fração algébrica não pode ser igual a zero, pois não existe divisão por zero.

Simplificações e Operações

Simplificação: Simplificar significa dividir o numerador e o denominador de uma fração pelo maior divisor comum (MDC) entre eles.

80. Simplificar

a) $\frac{8}{4}$

b) $\frac{10}{5}$

c) $\frac{9}{3}$

d) $\frac{88}{11}$

e) $\frac{21}{7}$

f) $-\frac{15}{3}$

g) $-\frac{100}{10}$

h) $-\frac{128}{16}$

81. Simplifique

a) $-\frac{8}{4}$

b) $-\frac{25}{30}$

c) $\frac{-7}{-21}$

d) $\frac{-15}{45}$

e) $\frac{36}{20}$

f) $\frac{48}{36}$

g) $\frac{30}{75}$

h) $\frac{54}{72}$

i) $\frac{210}{126}$

j) $\frac{8}{20}$

82. Simplificar

a) $3+\frac{1}{3}$

b) $\frac{5}{5+2}$

c) $\frac{10-3}{6-4}$

d) $\frac{7}{3}+\frac{3}{7}$

e) $\frac{3}{4}\cdot\frac{4}{3}$

f) $\frac{-1}{5}\cdot\frac{10}{5}$

g) $\frac{-2.4.8}{16.2}$

h) $\frac{15+3}{2}\cdot\frac{2}{3}$

Simplificação de frações algébricas

83. Simplificar

a) $\frac{a^2}{a}$

b) $\frac{a^2b}{ab^2}$

c) $\frac{3ab^2}{6}$

d) $\frac{8a^2b}{2ab}$

e) $\frac{-10cd^2}{3c^2}$

f) $\frac{-2x^2y^3}{4xy^2}$

g) $\frac{-15a^2b^2c^3}{-45abc^4}$

h) $\frac{20xy^2z}{25x^3z^2}$

i) $\frac{-4a^2b}{16ab^2c}$

j) $\frac{72a^3b^4c^2}{-9a^2b^3c^2}$

84. Simplifique o máximo possível

a) $\frac{a(a+b)}{a}$

b) $\frac{a^2(a-b)^2}{(a-b)}$

c) $\frac{a^2b(a+b)}{a(a+b)}$

d) $\frac{x^2+x}{x^2-1}$

e) $\frac{a^2-3a}{a^2-9}$

f) $\frac{x^2+3x+2}{x^2+2x+1}$

g) $\frac{x^2+4x+4}{x^2-4x+4}$

h) $\frac{x^2-9}{x^2-6x+9}$

i) $\frac{a^4-b^4}{a^2-b^2}$

j) $\frac{10x+20}{6x^2+24x+24}$

85. Simplificar

a) $\dfrac{6x^2-3x}{3x^2-6x}$

b) $\dfrac{2a^2+2ab-a-b}{a^3+3a^2b+3ab^2+b^3}$

c) $\dfrac{a^3-b^3}{7a^2-7ab}$

d) $\dfrac{8x^3-27}{4x^2-12x+9}$

Operações

Adição e subtração de frações algébricas com denominadores iguais

86. Efetuar

a) $\dfrac{1}{2}+\dfrac{3}{2}$

b) $\dfrac{2}{5}-\dfrac{1}{5}$

c) $\dfrac{1}{a}+\dfrac{3}{a}$

d) $\dfrac{2}{b}-\dfrac{1}{b}$

e) $\dfrac{4x}{x^2}+\dfrac{3x}{x^2}$

f) $\dfrac{2x+y}{x}+\dfrac{3x-y}{x}$

g) $\dfrac{a^2+2ab}{a^2}+\dfrac{3a^2-ab}{a^2}$

h) $\dfrac{2a+b}{(a+b)^2}+\dfrac{2a-b}{(a+b)^2}+\dfrac{4b}{(a+b)^2}$

i) $\dfrac{2x^3}{x^2-2xy+y^2}-\dfrac{2xy(2x-y)}{x^2-2xy+y^2}$

j) $\dfrac{4(2x-1)}{12x}+\dfrac{6(1-2x)}{12x}-\dfrac{3(x-1)}{12x}$

Adição e subtração de frações algébricas com denominadores diferentes.
Como se resolve?

87. Efetuar

a) $\frac{1}{3}+\frac{2}{5}$

b) $-\frac{3}{5}+\frac{1}{2}$

c) $-\frac{4}{3}-\frac{1}{4}$

Calcula-se o ______ que é o mínimo múltiplo comum entre dois ou mais números.

Mínimo Múltiplo Comum

Mínimo Múltiplo Comum entre dois ou mais números é o produto dos fatores primos comuns e não-comuns, considerando-se sempre o maior expoente de cada um deles.

Exemplos:
mmc(8,12) =

mmc(24,48,6) =

mmc(20,36,48) =

mmc(125,30,500) =

88. Reduzir ao menor denominador comum

a) $\frac{3}{2};\frac{9}{10};\frac{3}{5}$

b) $\frac{5}{7};\frac{4}{21};\frac{-3}{2}$

c) $\frac{1}{10};\frac{2}{5};\frac{-3}{100}$

d) $-\frac{5}{6};-\frac{7}{12};-\frac{1}{24}$

Mínimo Múltiplo Comum de monômios e polinômios

89. Calcular o mmc de

a) $x^2\,;x^3\,;x$

b) $x^2y\,;xy^2\,;xy$

c) $3x^3y\,;4x^2y^3$

d) $2x\,;x^2\,;3x\,;4x^2$

e) $6a^2b^3\,;4a^2b^6\,;2ab^3$

f) $3x^2y\,;4xz^2\,;5y^2z$

g) $a\,;b\,;c$

h) $14a^3b^3\,;28a^2b\,;a^3b^2$

i) $2\,;a\,;b^2\,;2ab^2$

j) $72x^3y\,;96y^2$

90. Calcular o mmc de

a) $(a+b)^2\,;(a+b)$

b) $(x-y)^2\,;(x+y)(x-y)\,;(x+y)^2(x-y)$

c) $(x-y)(x+y)\,;(x+y)^2\,;(x+y)(x-y)^2$

d) $2(a+b)^2\,;6a(a+b)$

e) $x^2(x-y)(x+y)\,;3x(x-y)^2\,;2x(x-y)$

Agora volte aos exercícios números **76** e **77** e compare as respostas dos exercícios **89** e **90**.

Conclusão:
MDC:

MMC:

91. Calcular o mmc de
a) $2a\,;x$

b) $y\,;3xy\,;4x$

c) $a^2-a\,;a^2$

d) $a-b\,;a+b\,;a^2-b^2$

e) $2x - x^2 ; 4 - 2x$

f) $2m ; m^2 ; 2$

g) $x^2 - 9 ; x - 3 ; x^2 + 6x + 9$

h) $x^2 - 1 ; x^2 - 4 ; x^2 + 2x - 3$

92. Reduzir ao menor denominador comum

a) $\dfrac{7b}{3x} ; \dfrac{2a}{4x^2}$

b) $\dfrac{3x}{4y} ; \dfrac{x}{3y} ; \dfrac{5x}{6y}$

c) $\dfrac{x}{2y} ; \dfrac{-y}{2y}$

d) $\dfrac{1}{2m} ; \dfrac{1}{m^2} ; \dfrac{-1}{2}$

e) $\dfrac{3}{x} ; -2x ; \dfrac{1}{y}$

f) $\dfrac{2x}{x+1} ; \dfrac{x}{x^2-1}$

g) $\dfrac{x-y}{x+y} ; \dfrac{2x}{x-y}$

h) $\dfrac{2x}{x^2-3x+2} ; \dfrac{3y}{x^2-4} ; \dfrac{-x}{x^2-4x+4}$

i) $\dfrac{3a-4}{a^2-16} ; \dfrac{-1}{a-4}$

93. Calcular

a) $\dfrac{-2}{3a}+\dfrac{1}{a}$

b) $\dfrac{3x}{y}+\dfrac{1}{3xy}-\dfrac{y}{4x}$

c) $\dfrac{2a+1}{a^2-a}-\dfrac{5}{a^2}$

d) $\dfrac{5a}{2x^2}-\dfrac{6a}{9x^2}+\dfrac{4a}{18x^2}$

e) $\dfrac{b}{x+1}-\dfrac{b}{x-1}$

f) $\dfrac{x-1}{3x+3}+\dfrac{3x-2}{2x+2}$

g) $2+\dfrac{x+y}{x-y}$

h) $\dfrac{4}{x-1}-\dfrac{3}{x-3}+\dfrac{x-15}{x^2-4x+3}$

i) $\dfrac{x+y}{x-y}-\dfrac{x^2+3y^2}{x^2-y^2}$

94. Calcular

a) $\dfrac{x}{y+1}-\dfrac{y}{y^2(y+1)}$

b) $\dfrac{1+y}{1-y}-\dfrac{2+y}{y-1}$

c) $\dfrac{1}{1-x}-\dfrac{2}{1+x}+\dfrac{3}{x^2-1}$

d) $\dfrac{2}{m+1}-\dfrac{1}{m-1}-\dfrac{3+m^2}{1-m^2}$

e) $\dfrac{9}{4-x^2}+\dfrac{2}{x^2-4}-\dfrac{7-x}{4-x^2}$

f) $\dfrac{a-1}{a^3}-\dfrac{a+1}{a^3-a^2}+\dfrac{3}{a^3-2a^2+a}$

g) $\dfrac{x-1+\dfrac{6}{x-6}}{x-2+\dfrac{3}{x-6}}$

h) $\dfrac{x-5}{6\left(x^2-1\right)}+\dfrac{x-1}{3(x-1)}-\dfrac{2(x+2)}{4\left(x^2-1\right)}$

i) $\dfrac{2x}{x^2-5x+6}-\dfrac{3x}{x^2-4x+3}-\dfrac{x}{x^2-3x+2}$

j) $\left(\dfrac{1+x}{1-x}-1\right)+\left(1-\dfrac{1}{1+x}\right)-2+\dfrac{2}{1-x^2}$

Lembrar que: $\left.\begin{array}{l} a^m.a^n = \\ a^m : a^n = \end{array}\right\} a, m, n \in IR$

95. Efetuar

a) $\dfrac{2a}{3b}\cdot\dfrac{5c}{b}\cdot\dfrac{8a}{7}$

b) $\dfrac{2x}{3y}\cdot\dfrac{3x+4y}{4x-3y}$

c) $\dfrac{7x^3y}{3y}\cdot\dfrac{12y^2}{21x^2y}\cdot\dfrac{9xy}{7y^2}$

d) $\dfrac{(x+3)(x-3)}{(x-3)}\cdot\dfrac{(x+2)}{(x+3)}$

e) $\dfrac{x^2-4}{(x+2)(x-2)}\cdot\dfrac{(x-2)^2}{(x+2)}$

f) $\dfrac{x^2+4x+4}{x-2}\cdot\dfrac{x^2-4x+4}{x+2}$

g) $\dfrac{8a^3}{3bx^2}\cdot\dfrac{15b^2x}{4a^2}$

h) $\dfrac{a^2+4a+4}{1-b^2}\cdot\dfrac{1+b}{a^2-4}$

i) $\dfrac{x^2-2xy}{3x}\cdot\dfrac{ax-2ay}{x^2-4xy+4y^2}$

j) $\dfrac{x^2+6x+9}{a^2b-ab^2}\cdot\dfrac{a-b}{10x+30}$

96. Efetuar as divisões

a) $\dfrac{3x}{7a}:\dfrac{b}{2x}$

b) $\dfrac{8x^2y^3}{ab^6}:\dfrac{4xy^3}{ab^8}$

c) $\dfrac{21xy}{8ab}:\dfrac{7y^3}{2ab^2}$

d) $\dfrac{x}{a+1}:\dfrac{x^4}{a^2-1}$

e) $\dfrac{x+y}{7x-7y}:\dfrac{x^2+xy}{7x}$

f) $\dfrac{x^2-1}{x^2y^2}:\dfrac{2x+2}{9x^2}$

g) $\dfrac{a^2-2ab+b^2}{b^2-c^2}:\dfrac{ab^2-b^3}{b^3+b^2c}$

h) $\dfrac{x^3-27}{12x^2+5x-2}:\dfrac{x^3-6x^2+18x-27}{27x^3-12x}$

i) $\dfrac{\dfrac{xy^2}{a^3}}{\dfrac{x^2}{a^4}}$

j) $\dfrac{\dfrac{a^2-b^2}{xy}}{\dfrac{2a+2b}{2y}}$

97. Efetue

a) $\dfrac{x^2+xy}{x^2-y^2}\cdot\left(\dfrac{1}{y}-\dfrac{1}{x}\right)$

b) $\dfrac{x^2y^3}{y^2+xy}\cdot\left(\dfrac{1}{x^2}-\dfrac{1}{y^2}\right)$

c) $\left(\dfrac{2y}{y-2}-\dfrac{2y^2}{y^2-4}-\dfrac{4}{y+2}\right):\dfrac{8}{y+2}$

d) $\frac{y}{2}\cdot\left(\frac{1}{x+y}-\frac{1}{x-y}\right)\cdot\frac{x^2-y^2}{x^2y+xy^2}$

e) $\left[\left(1-\frac{a^3}{x^3}\right):\left(\frac{1}{x^2}-\frac{a}{x^3}\right)\right]\cdot\frac{4a}{x^2+ax+a^2}$

98. Provar as seguintes identidades algébricas

a) $\left[\left(\frac{a+b}{a-b}-\frac{a-b}{a+b}\right):\left(\frac{a+b}{a-b}+\frac{a-b}{a+b}\right)\right]\cdot\left(\frac{a}{b}+\frac{b}{a}\right)=2$

b) $\left(\frac{x+1}{x^2-3x+2}-\frac{x+3}{x^2-4x+3}+\frac{x+2}{x^2-5x+6}\right)\cdot\left(\frac{x-6}{x-1}-\frac{12}{1-x^2}\right)=\frac{1}{x+1}$

c) $\left(a-3+\dfrac{5a}{2a-6}\right):\left(2a-1+\dfrac{15}{a-3}\right)+\left(\dfrac{1}{x}-\dfrac{1}{y}\right)^2:\dfrac{(y-x)^2}{x^2y^2}=\dfrac{3}{2}$

99. Calcular o valor numérico das expressões algébricas a seguir

a) $\dfrac{\dfrac{1}{a}+\dfrac{1}{ab^3}}{b-1+\dfrac{1}{b}}:\dfrac{a+b+\dfrac{a^2}{b}}{a+b+\dfrac{b^2}{a}}$ quando $a=\dfrac{1}{3}$ e $b=\dfrac{3}{5}$

b) $\dfrac{x^2+xy}{x^2+y^2}\cdot\left(\dfrac{x}{x-y}-\dfrac{y}{x+y}\right)$ para $x=14$ e $y=-\dfrac{1}{2}$

100. Simplificar as expressões algébricas a seguir

a) $\left(a^2+b^2-c^2+2ab\right):\dfrac{a+b-c}{a+b+c}$

b) $\left(x^2+4y^2-4xy-9\right):\dfrac{x-2y+3}{x-2y-3}$

c) $\dfrac{x^4+3x^2+2}{x^4-5x^2-6}\cdot\dfrac{x^4-36}{x^4-4}$

Equações Algébricas

Chamamos de equação algébrica a igualdade entre duas expressões (1º e 2º membros), uma das quais no mínimo deve conter uma incógnita (letra) cujo valor é desconhecido.
Descobrir o valor da(s) incógnita(s) de uma equação para que seus dois membros sejam iguais é o que se pretende quando vamos resolver uma equação algébrica.
Chamamos de grau de uma equação o maior expoente de sua incógnita.

Exemplos:

Equações na incógnita x

$x+3=7$	equação do 1º grau
$x^2-5x+6=0$	equação do 2º grau
$x+2=3x-b^2$	equação literal do 1º grau

Resolução de equações algébricas

Resolver uma equação algébrica é o mesmo que resolver um problema, veja:

1) Que número que somado a 3 resulta 8.

Este número pode ser chamado de incógnita e ser representado pela letra x:

$x+3=8$

Sabemos que este número é o 5, pois:

$5+3=8$

Portanto $x=5$ é a **raiz** da equação e o conjunto solução da equação é

$S=\{5\}$ ou $V=\{5\}$

2) Num ônibus estão 7 jogadores de um time titular de futebol.

Quantos jogadores faltam para completar o time titular?

Como sabemos que um time de futebol é formado por 11 jogadores podemos fazer:

$x+7=11$

$x=11-7$

$x=4$

Assim:

S={4}

3) Qual é o número cujo triplo vale –24?

chamando este número de x: $3x=-24$

$$x=\frac{-24}{3}$$

$$x=-8$$

$$S=\{-8\}$$

4) Qual o número cujos $\frac{5}{3}$ do mesmo valem $\frac{8}{5}$?

Seja x este número: $\frac{5}{3}x = \frac{8}{5}$

$$5x = \frac{8.3}{5}$$

$$5x = \frac{24}{5}$$

$$x = \frac{24}{5.5}$$

$$x = \frac{24}{25}$$

$$S = \left\{\frac{24}{25}\right\}$$

Pudemos observar nestes exemplos que a idéia original é sempre isolar a incógnita x encontrando assim seu valor numérico.
Vamos tentar fazer o mesmo nestes outros exemplos.

$3x - 9 = 2x - 7$

$3(2x - 4) - 5 = 6(3x - 8) - 29$

$-2(x - 2) + 3x = 5x - 6$

$9(x - 2) - 7(2x - 12) = 7x - 42$

$7(x-3)=9(x+1)-38$

101. Resolva as equações algébricas de 1º grau na variável x

a) $5x+50=4x+56$

b) $(1-x)-(x+1)+(x+3)+(2x-1)=6$

c) $3(x-4)-2(x+1)=4-5x$

d) $14+(x-2)-[6-(6x-12)]=x$

e) $4(10-2x)=3(x+6)+11$

f) $44x-47+\left[96-(24-7x)+12\right]-\left[96-8x+6-(4x+2)\right]=0$

g) $\frac{x}{3}+x-\frac{8}{15}=\frac{6x}{5}$

h) $\frac{4x}{3}-\frac{x-3}{7}+x+3=\frac{64x}{21}$

i) $\frac{4+x}{8}-\frac{x}{24}=\frac{1}{3}$

j) $\frac{4x}{15}+\frac{6-5x}{15}=\frac{x-2}{15}$

102. Resolva

a) $3(2y+3)^2-2(5-3y)=12(y+3)^2-31$

b) $(2x+1)(2x+6)-7(x-2)=4(x+1)(x-1)-5x$

c) $(x+1)^2-x(2x+1)=(x+1)(x-1)-2(x+2)(x+1)+20$

d) $\dfrac{x+1}{2}+\dfrac{x+2}{3}=\dfrac{5x+1}{4}$

e) $\dfrac{3x}{14}+\dfrac{1}{2}-\dfrac{2x-7}{21}+\dfrac{11}{4}=\dfrac{x-4}{4}$

f) $\dfrac{8x-14}{3}-\left(2x-\dfrac{x-3}{7}\right)=3$

g) $\dfrac{1}{4}\left(\dfrac{x-5}{8}-\dfrac{7-x}{5}\right)=\dfrac{x-17}{4}-\dfrac{7}{8}$

h) $\dfrac{3}{5}(x-4)-\dfrac{1}{3}(2x-9)=\dfrac{1}{4}(x-1)-2$

i) $\dfrac{1}{3}\left[2x-1-\dfrac{1}{2}\left(\dfrac{x}{4}-2\right)\right]+\dfrac{3}{4}\left(2x-\dfrac{1}{2}\right)=\dfrac{7}{4}$

j) $1-\left[\frac{5}{2}+\frac{3}{4}\left(\frac{x}{2}-\frac{1}{3}\right)\right]-\left(\frac{2x-5}{6}-1\right)=0$

103. Determinar o número cujo dobro aumentado de 10 unidades seja igual a seu triplo diminuido de 2 unidades.

104. Dois amigos desejam comprar em sociedade um jogo de xadrez. O primeiro possui $\frac{1}{3}$ do preço e o segundo $\frac{1}{7}$. Qual é o preço do jogo se ainda faltam R$ 276,00.

105. Uma pessoa após gastar $\frac{3}{8}$ da quantia que tinha, gastou mais R$ 27,50. Ainda assim lhe sobrou metade da quantia inicial. Quanto ela possuia?

106. Um pai tem 40 anos e seu filho 16. Quantos anos faz que a idade do pai era o triplo da do filho?

107. Se do dobro da idade de João subtrairmos o triplo da idade que ele tinha há 6 anos, resultará a sua idade atual. Qual a idade atual de João?

108. Num colégio composto de 4 classes os alunos estão assim distribuídos: na primeira classe $\frac{1}{3}$ do número total de alunos, na segunda $\frac{1}{4}$, na terceira $\frac{1}{5}$ e na quarta ainda há 26 alunos. Calcular o número total de alunos.

109. Qual é o número que somado à sua metade, à sua terça parte e a sua nona parte dá como resultado 70.

110. Achar três números consecutivos cuja soma é 39.

111. Qual é o número que diminuido de 30 e que multiplicando o resultado por 21 dá 1050?

112. Um pai tem o triplo da idade do seu filho e o dobro da diferença das duas idades é 72. Determinar as suas idades.

Vamos tentar agora resolver este problema:

Que número que multiplicado pelo resultado de sua soma com 5 unidades resulta –6?
Montando a equação temos:

$x(x+5)=-6$ aplicando a propriedade distributiva

$x^2+5x=-6$ passando todos os termos para o 1º membro e igualando a zero.

$x^2+5x+6=0$ temos uma equação do 2º grau. Se conseguirmos fatorá-la podemos resolver esta equação

$$x^2+\underbrace{5}_{\text{soma}}x+\underbrace{6}_{\text{produto}}=0$$

$$x^2+(2+3)x+2.3=0$$

$$(x+2)(x+3)=0$$

Como o produto destes dois fatores deve ser igual a zero, qualquer um deles que for igual a zero será solução para a equação.
Assim:

$$(x+2)(x+3)=0$$

$$x+2=0 \quad ou \quad (x+3)=0$$

$$x=-2 \quad ou \quad x=-3$$

Neste caso o conjunto solução será:

$$S=\{-3,-2\}$$

Observamos que normalmente uma equação do 2º grau admite duas raízes (respostas/solução para o x) reais.

Observação: se $a.b=0$ então:

113. Resolva as equações

a) $x^2+3x+2=0$

d) $x^2-7x+6=0$

b) $x^2+7x+6=0$

e) $x^2+5x-14=0$

c) $x^2+8x+15=0$

f) $x^2-x-6=0$

114. Resolva as equações

a) $x^2-7x+10=0$

f) $x^2-4x-21=0$

b) $x^2-6x+5=0$

g) $x^2+x-6=0$

c) $x^3+x^2-6x=0$

h) $x^3-7x^2+6x=0$

d) $x^3-11x^2+30x=0$

i) $2x^3-\dfrac{2x}{9}=0$

e) $x^3+10x^2+16x=0$

j) $x^3+3x^2-10x=0$

115. Resolva as equações

a) $x^3 - 25x = 0$

d) $x^3 - 2x^2 - x + 2 = 0$

b) $x^3 - x = 0$

e) $x^4 - 6x^3 - 4x^2 - 24x = 0$

c) $x^2 + 4x + 4 = 0$

f) $x^2 - 26x + 169 = 0$

116. Resolva as equações

a) $x^2 + 6x + 9 = 0$

e) $x^2 + 12x + 36 = 0$

b) $x^2 + 10x + 25 = 0$

f) $x^2 + 14x + 49 = 0$

c) $x^2 - 6x + 9 = 0$

g) $4x^2 + 4x + 1 = 0$

d) $x^2 - 8x + 16 = 0$

h) $9x^2 + 12x + 4 = 0$

117. Resolva as equações

a) $x^2 - 4 = 0$

b) $x^2 - 9 = 0$

c) $x^2 - 100 = 0$

d) $x^2 - 25 = 0$

e) $4x^2 - 9 = 0$

f) $16x^2 + 81 = 0$

g) $x^2 + 16 = 0$

h) $4x^2 - 49 = 0$

i) $9x^2 - 36 = 0$

j) $4x^2 + 16 = 0$

118. Resolva as equações

a) $2x(x-1) - 3x^2 = 4x - 3x(x-5)$

b) $-5x - 3x - (2x^2 - 7x) - x^2 = x(2 - 4x - 4)$

c) $3x^2 - 4x = x(x-6)$

d) $2x(x+6)=3x(x-7)$

e) $\dfrac{3x^2}{2}+\dfrac{x}{3}=\dfrac{2x^2}{3}-\dfrac{x}{2}$

f) $x^2-\dfrac{x(x-2)}{3}=2x-\dfrac{x(2-x)}{4}$

g) $(x^2-3)^2=2(2x^2-3)^2-(2x^2-1)^2-3(x^4-9x^2+15)-x^4+1$

h) $(5x^2-1)^2-(3x^2-2)^2+2(5x^2-2)(4x^2-3)=8-25x^2(x^2+1)-x^2$

i) $(x+2)(x+3)-(x+4)(x-3)=10$

j) $x(x+4)+x(x+1)=(x+4)(x+1)$

119. O quadrado de um número é igual a soma do seu quádruplo com 5. Que número é esse?

120. José é 9 anos mais velho que João. Há 40 anos, a soma dos quadrados de suas idades era 221. Quantos anos tem cada um deles hoje?

121. O quadrado de um número é igual à soma deste número com 6. Que número é esse?

122. O quadruplo da soma de um número com 3 é igual a seu quadrado. Que número é esse?

123. A soma dos quadrados de três números consecutivos é 365. Quem são eles?

124. Dividir 20 em duas parcelas tais que seu produto seja 96.

125. Se do quadrado de um número tirarmos o seu quintuplo obtemos 84. Determinar este número.

126. A soma dos quadrados de três números ímpares consecutivos é 515. Quem são eles?

Equações Fracionárias

Chamamos de equação fracionária toda equação algébrica onde pelo menos uma incógnita se encontra no denominador.

Observe alguns exemplos de equações fracionárias de 1º grau:

$$\frac{7}{x}-3=\frac{4}{5} \qquad \frac{3x}{x-2}=2 \qquad \frac{1}{x+1}=\frac{x}{x-2}-1$$

Veja que em todas elas pelo menos uma variável x está no denominador.

Para resolvermos uma equação fracionária devemos antes de mais nada encontrar o seu **mmc** .

Exemplo:

$$\frac{7}{x}-3=\frac{4}{5} \qquad mmc(x,5)=5x$$

$$\frac{7.5-3.5x=4.x}{5x}$$

$$\frac{35-15x=4x}{5x}$$

Como numa fração o denominador NUNCA pode ser igual a zero devemos fazer seu **domínio de validade**: $5x\neq 0 \Rightarrow x\neq 0$, $DV=IR-\{0\}$

$$35-15x=4x$$

$$-15x-4x=-35$$

$$-19x=-35$$

$$x=\frac{-35}{-19}$$

$$x=\frac{35}{19}$$

Como a raiz da equação $\left(x=\frac{35}{19}\right)$ faz parte do domínio de validade a equação tem solução.

$$S=\left\{\frac{35}{19}\right\}$$

Domínio de Validade

Domínio de Validade de uma equação apresenta o conjunto de valores dentre os quais a raiz da equação deve estar. Caso a raiz encontrada não pertença ao domínio de validade ela não poderá fazer parte do conjunto solução da equação.

Exemplo:

$\frac{3x-6}{x-2}=2$ $\qquad mmc = x-2$

$\frac{3x-6=2(x-2)}{x-2}$

$\frac{3x-6=2x-4}{x-2}$ $\qquad$ DV: $x-2\neq 0 \Rightarrow x\neq 2$, $DV = IR-\{2\}$

$3x-6=2x-4$

$3x-2x=-4+6$

$x=2$ $\qquad$ Veja que o $x=2$ não faz parte do domínio de validade $(x\neq 2)$ e portanto não pode fazer parte do conjunto solução da equação que será vazio.

$S=\varnothing$

127. Apresentar o domínio de validade de cada uma das equações fracionárias a seguir resolvidas em IR.

a) $\frac{3x-1}{2x-1}-\frac{4x-2}{3x-2}=\frac{1}{6}$

b) $\frac{3+x}{3-x}-\frac{2+x}{2-x}-\frac{1+x}{1-x}=1$

c) $\frac{2x-6}{3x-8}=\frac{2x-5}{3x-7}$

d) $\frac{x+2}{x+3}-\frac{x+5}{x+6}=\frac{x-6}{x-3}-\frac{x-5}{x-2}$

e) $\dfrac{2}{x-1}+\dfrac{2}{x+1}=\dfrac{6x-2}{x^2-1}$

f) $\dfrac{1}{x+1}-\dfrac{3x-1}{x^2-1}=\dfrac{-1}{x-1}$

g) $\dfrac{5}{x}+\dfrac{3}{2x^2-3x}=\dfrac{1}{2x-3}$

h) $\dfrac{-3}{x^2+9x+18}=\dfrac{-3}{x^2-5x+6}$

128. Dê o domínio de validade em *IR* de cada uma das equações fracionárias a seguir

a) $\dfrac{11}{x-4}+\dfrac{4}{x-3}=\dfrac{7x+17}{x^2-7x+12}$

b) $\dfrac{1}{8x-24}+\dfrac{1}{3x+6}=\dfrac{1}{3x-3}+\dfrac{1}{8x+40}$

c) $\dfrac{1}{x-1}-\dfrac{6}{2x^2-3x}=\dfrac{5}{x}$

d) $\dfrac{1}{x-1}+\dfrac{3}{x+4}=\dfrac{4x+7}{x^2+3x-4}$

e) $\dfrac{x+1}{x^2-2x}+\dfrac{x-1}{x^2+2x}=\dfrac{2x+1}{x^2-4}$

f) $\dfrac{3}{x-2}-\dfrac{2}{x-3}=\dfrac{x^2-7x+10}{(x-1)(x^2-5x+6)}$

g) $\dfrac{3x+1}{2x-5}+\dfrac{4x-8}{2x+7}=\dfrac{2x^2-3x+6}{x^2+3x+2}$

h) $\dfrac{2x-3}{5}-\dfrac{4x+8}{x-1}=\dfrac{3x-8}{7x}$

Observação:

129. Resolva em IR as equações fracionárias (Lembre-se de apresentar em cada uma delas o seu domínio de validade)

a) $\dfrac{3x-16}{x}=\dfrac{5}{3}$

b) $\dfrac{5(x-1)}{x+1}=3$

c) $\frac{1}{12x}-\frac{5}{6}=\frac{3}{8}-\frac{12}{x}$

d) $5-\frac{3}{x}=\frac{5}{x}-\frac{1}{3}$

e) $\frac{3x-1}{2x}=\frac{10}{7}$

f) $\frac{x-1}{x+1}=\frac{3}{4}$

130. Resolva em *IR* as equações fracionárias (Lembre-se de apresentar em cada uma delas o seu domínio de validade)

a) $\frac{x-1}{x-4}=\frac{x-3}{x-5}$

b) $\frac{x-1}{x-2}-\frac{x+2}{x-5}=0$

c) $\frac{2x+5}{x}+3=\frac{3x-2}{x-1}+2$

d) $\frac{3}{x+2}-\frac{1}{x-2}=\frac{2}{x}$

e) $\frac{1}{x-1}+\frac{1}{x+1}-\frac{2}{x-2}=0$

131. Resolva em *IR* as equações fracionárias

a) $\frac{2}{x-1}-\frac{8}{x+1}=\frac{3x+8}{x^2-1}$

b) $\dfrac{1}{x^2-1}-\dfrac{1}{x+1}=\dfrac{1}{x-1}$

c) $\dfrac{(x+1)^2}{x^2-4}=\dfrac{x+2}{x-2}$

d) $\dfrac{1}{2x-3}-\dfrac{5}{2x^2-3x}=\dfrac{5}{x}$

e) $\dfrac{x}{x-2}-\dfrac{x-2}{x}=\dfrac{4}{x^2-2x}$

132. Resolva em *IR* as equações fracionárias

a) $\dfrac{7}{2x^2-x}-\dfrac{4}{2x^2+x}=\dfrac{5}{4x^2-1}$

b) $\dfrac{x+1}{x^2-2x}+\dfrac{x-1}{x^2+2x}=\dfrac{2x+1}{x^2-4}$

c) $\dfrac{3x-8}{2x-4}-\dfrac{x-2}{2x+4}=\dfrac{x^2-3x+22}{x^2-4}$

d) $\dfrac{x-3}{x+2}+\dfrac{5+x}{x^2+3x+2}=\dfrac{x-2}{x+1}$

e) $\dfrac{3}{x-2}-\dfrac{2}{x-3}=\dfrac{x^2-7x+10}{(x-1)\left(x^2-5x+6\right)}$

f) $\dfrac{5}{x^2-5x+6}-\dfrac{3}{x^2-4x+3}=\dfrac{1}{x^2-3x+2}$

133. Resolva em IR as equações fracionárias

a) $\dfrac{2}{x^2+7x+12}=\dfrac{4}{x^2+9x+20}-\dfrac{3}{x^2+8x+15}$

b) $\dfrac{3}{25x^2-1}+\dfrac{5}{10x^2-2x}-\dfrac{9}{10x^2+2x}=0$

c) $\dfrac{1}{x-1}-\dfrac{6}{x^4-1}=\dfrac{x+3}{2x^2+2}+\dfrac{1}{2x+2}$

d) $\frac{x-3}{x+1}+\frac{2x-1}{2x+3}=1+\frac{2x^2-27}{2x^2+5x+3}$

e) $\frac{1}{x+1}-\frac{1}{x+3}=\frac{5x-17}{x^3+3x^2-x-3}$

134. Resolva em *IR* as equações fracionárias

a) $\frac{2(2x-1)}{x^2-1}-\frac{3}{x+1}=\frac{5}{x-1}$

b) $\dfrac{3x+1}{2x-1}+\dfrac{3x+2}{2x+1}=3-\dfrac{1}{4x^2-1}$

c) $\dfrac{3}{2x+2}-\dfrac{4}{3x+6}=\dfrac{1}{6x-18}$

d) $\dfrac{2}{x^2-1}+\dfrac{1}{x+1}=-1$

e) $\dfrac{2x-4}{x^2-1}+\dfrac{x}{x-1}=\dfrac{1}{x+1}$

135. Resolva em *IR* as equações fracionárias

a) $\dfrac{2x^2}{x^2-1}-\dfrac{3}{x\ \ 1}=2-\dfrac{1}{x+1}$

b) $\dfrac{x-3}{2}+\dfrac{1}{x}=-3$

c) $\frac{2x}{x-1}-\frac{3}{3-x}=\frac{x+3}{x^2-4x+3}$

d) $\frac{1}{x-1}-\frac{6}{x^4-1}=\frac{x+3}{2\left(x^2+1\right)}+\frac{1}{2x+2}$

Equações literais de 1º grau

As equações do 1º grau com uma incógnita (variável) em que existam além da variável (x), outras letras constantes a, b, c, ... m, n, ... chamam-se **equações literais do 1º grau a uma incógnita**.
O processo de resolução das equações literais é o mesmo utilizado nas equações algébricas numéricas, mas é necessário porém no final de cada equação encontrar, se for o caso, uma condição de existência para a solução da equação.
Vamos resolver as equações literais de 1º grau, na incógnita x, a seguir lembrando que a idéia original continua a mesma (isolar o x).

Exemplo 1

$8x+7a=2x+25a$

$8x-2x+7a=25a$

$6x+7a=25a$

$6x=25a-7a$

$6x=18a$

$x=\frac{18a}{6}$

$x=3a$ *Obs.:* Neste caso não precisamos de nenhuma Condição de Existência (CE), pois para qualquer valor de $a \in IR$ teremos um correspondente em x. Então:

$S=\{3a\}$

Exemplo 2

$3(ax+b)-2ax=5b$

$3ax+3b-2ax=5b$

$1ax+3b=5b$

$ax=5b-3b$

$ax=2b$

$x=\frac{2b}{a}$ *Obs.:* Agora observamos que como numa fração o denominador nunca poderá ser igual zero temos como condição de existência: $a \neq 0$. Assim:

$S=\left\{\frac{2b}{a}, com \quad a \neq 0\right\}$

Exemplo 3

$a(a-6)+9=a^2x-3x$

Exemplo 4

$$m-\frac{x}{m}=\frac{x}{n}-n$$

Exemplo 5

$$\frac{x}{a-2}+\frac{x+2}{a+2}=2x-\frac{2a^2x}{a^2-4}$$

136. Resolva em *IR* as equações literais do 1º grau na incógnita x

a) $2(ax+b)=0$

b) $2a(x-2a)=0$

c) $4bx + 3a = 2bx + 5a$

d) $ax - ab - c = bx - ab$

e) $ax + x = 3a^2 + 3a$

f) $2ax - x = 2a$

g) $bx + a = a - 1$

h) $b^2x + a^2 = a^2 + b^2$

i) $b(b - x) - a(a - x) = 0$

j) $a(a - bx) = b(ax - b)$

137. Resolva em *IR* as equações literais de 1º grau na incógnita x

a) $(a-b)(a+x)=(a-x)(a+b)$

b) $b(x-b)+a(x-a)=2ab$

c) $a(2x-a)-b(b-2x)=a^2+b^2$

d) $3ax+2b=6$

e) $abx-2ab=5ab$

f) $abx+acx=ab+ac$

g) $3ax - 1 = 6x$

h) $2mx - x = 10$

i) $mx + n^2 = nx + n^2$

j) $abx + a^2 = bx + 2a^2 - a$

138. Resolva em IR as equações na incógnita x

a) $2ax + 2ab = 4ab$

b) $\frac{x}{a} + 2bx - a = 2a^2b$

c) $\frac{x-2}{a}-\frac{4+a^2}{2a}=\frac{a-x}{2}$

d) $\frac{x}{ab+b^2}+\frac{x}{a^2+ab}=\frac{2}{ab}$

139. Resolva em IR as equações literais de 1º grau na incógnita x

a) $x-(a-x)=b$

b) $(m+n)x+(m-n)x=pc-a$

c) $a(x-a^2)=b(x-b^2)$

d) $2b-(b+c)x=(b-c)x$

e) $c(b+x)-ac=d(b+x)-ad$

f) $ab-(b+c)x=(b+c)x$

g) $2a^2b-(a-b)x=2b(b^2+2a^2)-ax-bx$

h) $2a(x+6m-2a)=3m(3m+x)$

140. Resolva a seguir as equações literais de 1º grau na incógnita x, sendo $U=IR$

a) $2(ax+b)=ax+3b$

b) $2a(x-2a)-b(x-b)=0$

c) $b(x-b)=4a(a+b)-2ax$

d) $a(x-b)-c=b(x-a)$

e) $(x+a)^2=(x+a)(x-a)$

f) $(x-a)(x-2a)=5x(x+a)-(4x+a)(x+a)$

g) $(a+x)(b+x)=(a-x)(b-x)+2$

h) $\left(a^3+a^2b+ab^2+b^3\right)x=a^4-b^4$

141. Resolva em *IR* as equações fracionárias

a) $\dfrac{x}{2-b}-\dfrac{2-b}{2+b}=\dfrac{8b}{4-b^2}$

b) $\dfrac{x-1}{a+1}-\dfrac{x+1}{a-1}=\dfrac{2a+4}{1-a^2}$

Vamos tentar resolver alguns problemas agora:

Problema 1

Em um sitio há galinhas e vacas. O número de galinhas excede o de vacas em 2 e o número de pés de vaca excede o de pés de galinha em 28. Quantas vacas e quantas galinhas existem no sitio?

Problema 2

Eduardo e Ricardo são irmãos. Se somarmos a idade de Eduardo com o triplo da idade de Ricardo teremos como resultado 67 anos. Se a diferença entre a idade de Eduardo e a de Ricardo é igual a 7 anos. Quantos anos tem cada um dos irmãos?

Observações:

Sistemas de equações do 1º grau

Sistemas de equações do 1º grau é aquele que é composto por equações do 1º grau. Este tipo de sistema também é chamado de sistema linear. Resolver um sistema linear com duas equações e duas incógnitas consiste em encontrar um valor para x e um para y que satisfaçam ambas as equações e que formam o par solução do sistema: (x, y).

Vamos resolver agora alguns sistemas lineares:

$$\begin{cases} 2x+3y=7 \\ 2x-3y=-11 \end{cases}$$

$$\begin{cases} x=2y-5 \\ x+2y=14 \end{cases}$$

$$\begin{cases} 2x+5y=-11 \\ 4x-y=11 \end{cases}$$

Observações:

142. Resolva os sistemas lineares a seguir pelo método que julgar mais conveniente

a) $\begin{cases} 3x - y = 18 \\ x + y = 10 \end{cases}$

b) $\begin{cases} y = 3x \\ -5x + 2y = 2 \end{cases}$

c) $\begin{cases} 8x + y = 20 \\ y = 4x - 4 \end{cases}$

d) $\begin{cases} 2x + y = -3 \\ x - 3y = -26 \end{cases}$

e) $\begin{cases} 8x + 5y = 11 \\ 4x + 5y = 3 \end{cases}$

143. Resolva os sistemas lineares a seguir pelo método que julgar mais conveniente

a) $\begin{cases} 3x - 2y = 5 \\ x + 2y = 7 \end{cases}$

b) $\begin{cases} 5x + 8y = 19 \\ x - y = 5 \end{cases}$

c) $\begin{cases} 6x + 5y = 26 \\ 3x - 2y = -5 \end{cases}$

d) $\begin{cases} 2x - y = 8 \\ x + 3y = -3 \end{cases}$

e) $\begin{cases} x = 2y - 7 \\ x + y = -1 \end{cases}$

144. Resolva

a) $\begin{cases} 3x - 2 = 2y \\ y = x \end{cases}$

b) $\begin{cases} 3x + y = 13 \\ 4x - 3y = 0 \end{cases}$

c) $\begin{cases} 3x - y = 10 \\ x - y = 2 \end{cases}$

d) $\begin{cases} 2x + y = 7 \\ 4x - 8y = 44 \end{cases}$

e) $\begin{cases} x-3y=-9 \\ y=x+5 \end{cases}$

145. Resolva os sistemas lineares a seguir apresente sua solução e classifique-os

a) $\begin{cases} 2x+3y=7 \\ 4x+6y=14 \end{cases}$

b) $\begin{cases} 5x-y=3 \\ y=5x-3 \end{cases}$

c) $\begin{cases} 4x-y=2 \\ 8x-2y=5 \end{cases}$

d) $\begin{cases} 3x-8y=6 \\ x-2y=5 \end{cases}$

e) $\begin{cases} x = 3y + 6 \\ 2x - 6y = 10 \end{cases}$

Resumo:

146. Resolva os sistemas lineares a seguir apresente sua solução e classifique-os

a) $\begin{cases} x - 2y = 1 \\ 2x - 4y = 2 \end{cases}$

b) $\begin{cases} 5x + y = 6 \\ y = 5 - 5x \end{cases}$

c) $\begin{cases} 3x - 2y = 6 \\ 2x - y = 5 \end{cases}$

d) $\begin{cases} 3x - 6y = 8 \\ x - 2y = 3 \end{cases}$

e) $\begin{cases} x = 2y - 6 \\ 3x - 6y = 8 \end{cases}$

147. Resolva os sistemas

Dica: Antes de iniciar a resolução do sistema simplifique (arrume) as equações envolvidas.

a) $\begin{cases} \dfrac{x}{3} + \dfrac{y}{2} = \dfrac{4}{3} \\ 2x - y = 0 \end{cases}$

b) $\begin{cases} \dfrac{x+y}{5}-\dfrac{x-y}{3}=0 \\ x-2y=4 \end{cases}$

c) $\begin{cases} 2x+\dfrac{y-2}{5}=21 \\ 4y+\dfrac{x-4}{6}=29 \end{cases}$

d) $\begin{cases} 5x-3y=1 \\ \dfrac{x-2}{4}+\dfrac{y-3}{8}+1=\dfrac{x}{2} \end{cases}$

e) $\begin{cases} \dfrac{x+1}{3} + \dfrac{y+1}{2} = 2 \\ x + 2y = 4 \end{cases}$

148. Resolva os sistemas

Dica: Antes de iniciar a resolução do sistema simplifique (arrume) as equações envolvidas.

a) $\begin{cases} 3y - \dfrac{61}{10} = \dfrac{-x}{5} \\ x - y = \dfrac{9}{2} \end{cases}$

b) $\begin{cases} \dfrac{2y}{3} - \dfrac{3x}{4} = \dfrac{11}{6} \\ \dfrac{4x}{5} - \dfrac{y}{10} = \dfrac{11}{10} \end{cases}$

c) $\begin{cases} \dfrac{3x-2}{4}+6=\dfrac{5y-1}{2} \\ \dfrac{4y+3}{5}+\dfrac{x+4}{3}=5 \end{cases}$

d) $\begin{cases} \dfrac{x+2y}{3}-\dfrac{x-y}{2}=y-1 \\ \dfrac{x+y}{4}+\dfrac{y}{3}=y+1 \end{cases}$

e) $\begin{cases} \dfrac{x-y}{2}-\dfrac{x-2}{4}=\dfrac{y+1}{3}-1 \\ \dfrac{x-1}{2}-\dfrac{y-3}{3}=\dfrac{x+y}{4}-\dfrac{1}{6} \end{cases}$

149. Resolva o sistema $\begin{cases} \dfrac{5}{x}+\dfrac{6}{y}=\dfrac{3}{2} \\ \dfrac{2}{x}-\dfrac{2}{y}=\dfrac{1}{9} \end{cases}$

150. Resolva os sistemas a seguir

a) $\begin{cases} \dfrac{2}{x}-\dfrac{5}{y}=-\dfrac{2}{9} \\ \dfrac{1}{x}-\dfrac{1}{y}=\dfrac{1}{18} \end{cases}$

b) $\begin{cases} \dfrac{2}{x} + \dfrac{3}{y} = 2 \\ \dfrac{3}{x} + \dfrac{2}{y} = \dfrac{13}{6} \end{cases}$

c) $\begin{cases} \dfrac{3}{x} + \dfrac{2}{y} = 2 \\ \dfrac{6}{x} - \dfrac{3}{y} = \dfrac{1}{2} \end{cases}$

d) $\begin{cases} \dfrac{3}{x} - \dfrac{2}{y} = 1 \\ \dfrac{4}{x} + \dfrac{3}{y} = 7 \end{cases}$

e) $\begin{cases} \dfrac{4}{x} + \dfrac{3}{y} = 4 \\ \dfrac{2}{x} - \dfrac{6}{y} = 3 \end{cases}$

151. Resolva o sistema $\begin{cases} \dfrac{5}{x-1} - \dfrac{4}{y-2} = 12 \\ \dfrac{4}{x-1} + \dfrac{3}{y-2} = 22 \end{cases}$

152. Resolva os sistemas a seguir

a) $\begin{cases} \dfrac{3}{2x+1} - \dfrac{2}{y-1} = -1 \\ \dfrac{4}{2x+1} + \dfrac{1}{y-1} = \dfrac{7}{3} \end{cases}$

b) $\begin{cases} \dfrac{3}{2x-3} - \dfrac{3}{3y+1} = -\dfrac{5}{2} \\ \dfrac{-3}{2x-3} - \dfrac{1}{3y+1} = 1 \end{cases}$

c) $\begin{cases} \dfrac{3}{2x-2} - \dfrac{4}{y+1} = \dfrac{1}{2} \\ \dfrac{2}{x-1} - \dfrac{3}{2y+2} = \dfrac{13}{8} \end{cases}$

153. Resolva o sistema $\begin{cases} \dfrac{3}{x-y} + \dfrac{2}{x+y} = \dfrac{11}{6} \\ \dfrac{1}{x-y} - \dfrac{3}{x+y} = 0 \end{cases}$

154. Resolva os sistemas a seguir

a) $\begin{cases} \dfrac{2}{x+y} + \dfrac{1}{3x-y} = \dfrac{5}{8} \\ \dfrac{3}{x+y} - \dfrac{2}{3x-y} = \dfrac{1}{2} \end{cases}$

b) $\begin{cases} \dfrac{6}{x+y} - \dfrac{1}{x-y} = \dfrac{6}{5} \\ \dfrac{4}{x+y} - \dfrac{2}{x-y} = \dfrac{-36}{5} \end{cases}$

c) $\begin{cases} \dfrac{3}{3x+2y} - \dfrac{1}{2x-2y} = \dfrac{1}{2} \\ \dfrac{1}{9x+6y} + \dfrac{3}{x-y} = \dfrac{2}{3} \end{cases}$

155. João e Pedro são irmãos, quando João nasceu seu pai tinha 25 anos e quando Pedro nasceu seu pai tinha 33 anos. Se hoje a soma das idades dos filhos é 82 anos. Quantos anos tem o pai?

156. Paulo e José tem a mesma idade e daqui a 12 anos a soma delas será 42 anos. Qual a idade deles hoje?

157. Num triângulo retângulo temos um ângulo interno reto e dois ângulos internos agudos. Sabendo-se que a diferença entre os ângulos internos agudos é de 26 graus, determine estes ângulos.

158. Henrique é filho de Carlos Alberto. O triplo da idade de Henrique somado ao dobro da idade de seu pai resulta em 134 anos. Se do quíntuplo da idade de Henrique subtrairmos a idade de seu pai teremos 37 anos. Responda:

a) Qual a idade de cada um deles.

b) Quando Henrique nasceu quantos anos tinha Carlos Alberto?

159. Um grupo de 35 homens montados em 35 cavalos foi enviado para uma missão no deserto. Na volta desta missão temos um total de 55 cabeças (de homens ou de cavalos) e 160 pés (pés de homens ou patas de cavalos). Responda:

a) Quantos homens não voltaram da missão?

b) Algum homem voltou sem cavalo para montar? Se sim quantos?

Apêndice

1. Efetue

a) $186 + (758 - 74 - 121 + 62) - (68 + 23 - 81)$

b) $896 + (598 - 47 - 128 + 56) - (86 + 83 - 47 - 18)$

c) $943 - \{337 - (198 - 88) + 100\} + 76$

d) $[(836 - 439) - 26] - \{47 + (621 - 439) - 97\}$

e) $155 - 2 + 15 - 8 - 6 + 18 + 6 - 9 + 5 - 20 - 10 + 5$

2. Calcule

a) $(100 \,.\, 27) + 3 + 63 + (21:3) + 27\,(80 - 32)$

b) $5400 : (36 - 27) - (5400 : 36 + 27)$

c) $(50 - 18) : (10 + 6) + (36 - 25) \,.\, (6 + 5) - (25 - 18) : (5 + 2)$

d) $\{(17 \,.13) - (12 \,.15)\} \,.\, (36 - 25)$

e) $93 \,.\, \{240 : (17 + 7)\} + \{(14 \,.175) : (5 \,.7)\} - 20$

3. Somando-se dois números de quatro algarismos, qual será o máximo total que se pode obter?

4. Qual o valor da soma do maior número formado de 3 algarismos com o menor de quatro algarismos?

5. O resto de uma divisão é 6, o divisor 71. Qual será o menor número necessário a se adicionar ao dividendo para se obter uma divisão exata?

6. A soma entre dois números é 342 e a diferença é 60. Determine que números são esses.

7. A soma de dois números é 480 e o quociente 3. Quais são estes números?

8. Quantos algarismos utilizamos para escrever todos os números de 1 a 100?

9. Efetue:

a) $\frac{3}{4}+\frac{1}{4}+\frac{2}{4}$

b) $\frac{1}{2}+\frac{2}{3}+\frac{5}{9}$

c) $\frac{3}{7}+\frac{1}{4}+\frac{7}{12}$

d) $\frac{3}{10}+\frac{4}{15}+\frac{7}{13}$

e) $\frac{23}{35}+\frac{11}{12}+\frac{19}{36}$

f) $\frac{10}{5}+\frac{12}{4}+\frac{15}{3}+\frac{12}{7}$

10. Calcule:

a) $2-\frac{4}{5}$

b) $3-2\frac{1}{5}$

c) $15-1\frac{3}{8}$

d) $15-1\frac{2}{3}$

e) $1\frac{3}{5}-\frac{1}{2}$

f) $2-1\frac{5}{8}$

11. Calcule

a) $-\frac{1}{2}-\left(2-\frac{1}{3}\right)+\frac{1}{4}-\left(-3+\frac{1}{2}\right)$

b) $2\frac{1}{3}-\left(3\frac{1}{4}-2\frac{1}{3}\right)-5\frac{1}{2}$

c) $\left[2\frac{1}{5}-\left(3\frac{1}{4}-7\frac{2}{3}\right)\right]-5\frac{1}{15}$

d) $1\frac{1}{2}-\left[\frac{4}{3}-\left(\frac{1}{4}-2\frac{1}{2}\right)\right]+3\frac{1}{2}$

e) $1-\left[-\frac{2}{3}-\frac{1}{2}-\left(\frac{1}{5}-1\right)\right]-3\frac{1}{2}$

f) $-2\frac{1}{2}-\left(3-5\frac{1}{2}\right)-7\frac{1}{7}$

12. Calcule

a) 23,57 – 11,42

b) 132,5 – 3,143

c) 5 + 3,142

d) 1,34 + 13,15

e) 5 – 2,132

f) 1,7 – 13,17

13. Efetue

a) 2,431 . 10

b) 0,0132 . 1000

c) 0,34 . 1000

d) 12,5 . 20

e) 0,75 . 32

f) 1,5 . 13

g) 12,5 . 2,2

h) 15,5 . 0,11

14. Efetuar

a) 234,5 : 10

b) 341,2 : 1000

c) 345 : 100

d) 12,5 : 2

e) 4,53 : 3

f) 17,1 : 5

g) 12,8 : 0,4

h) 7,42 : 0,07

i) 2 : 0,05

j) 3 : 0,6

15. Calcule:

a) 1,2345 . 100

b) 0,0013 . 1000

c) 235,6 : 100

d) 1,7 : 1000

e) 9567 : 10000

f) 1,05 + 50,1

g) 8,957 + 19,78

h) 3,123 – 0,9875

i) 0,32 – 3,101

j) 1,03 : 0,1

k) 0,03 : 0,001

l) 2,057 : 0,17

16. Efetue

a) (1 – 0,275) + (4,743 – 3,954)

b) (1,21 – 0,567) – (10,4 – 9,99)

c) (4,73 . 900 + 8000 . 7,96 + 0,2 . 0,3 + 9700 . 0,09)

d) 400 : 100 + 56,2 : 5,62 + 0,7 : 25

17. Calcule $\dfrac{\left(152\frac{3}{4}-148\frac{3}{8}\right).0,3}{0,2}$

18. Calcule $\dfrac{172\frac{5}{6}-170\frac{1}{3}+3\frac{5}{12}}{0,8.0,25}$

19. Calcule $\dfrac{\left(140\dfrac{7}{30}-138\dfrac{5}{12}\right):18\dfrac{1}{6}}{0{,}002}$

20. Calcule

a) -2^{2^3}

b) $0{,}01^{-2}$

c) $\left(-\dfrac{3}{5}\right)^2$

d) $\left(-2\dfrac{1}{5}\right)^{0^{2^4}}$

e) $\{-[-(-1)^3]^5\}^3$

21. Calcule

a) $(2^2)^3$

b) $(2)^{2^3}$

c) $\left(\left\{\dfrac{1}{3}\right\}^2\right)^3$

d) $\left\{\left(\dfrac{1}{5}\right)^2\right\}^7$

e) $\left\{\left(\dfrac{1}{5}\right)^6\right\}^2$

f) $\left\{\left(\dfrac{1}{5}\right)^2\right\}^7 : \left\{\left(\dfrac{1}{5}\right)^6\right\}^2$

22. Efetue

a) $\dfrac{(3+4)^2}{5}+\dfrac{(8+2)^2}{5}+\dfrac{(3+1)^2}{2}$

b) $\dfrac{(1+2)^2}{5}+\dfrac{(9+2)^2}{5}+\dfrac{(4+2)^2}{3}$

23. Efetue

$$\frac{(1+3)^2}{2}+\frac{(0{,}1+3)^2}{3}-\frac{\left(1+\dfrac{1}{9}\right)^2}{5}$$

24. Calcule

a) $\left(\dfrac{5}{2}\right)^2+(0{,}5)^2+2.\left(\dfrac{5}{2}.0{,}5\right)$

b) $\left(\dfrac{3}{4}\right)^2+\left(\dfrac{1}{2}\right)^2+2.\left(\dfrac{3}{4}\cdot\dfrac{1}{2}\right)$

25. Calcule $\left(2^{7-3^2:3}\;.\;2^{2^3-2^2}\right):2^{(-2)^2}$

26. Calcule

a) $\left[(0{,}5)^4.\left(-\dfrac{1}{2}\right)\right]^3 : [-(-2^{-1})^2]^2$

b) $\left[\left(-\frac{1}{3}\right)^{4}\right] : \left(-\frac{1^{-1}}{3}\right)^{-1} : (3^{-1})^{-5}$

c) $-\{-[-(-1^{4})^{2^{3}}]^{4}\}^{11}$

d) $\{(-4)^{2^{3}} : [-(-2^{-2})^{-3}]^{2}\}^{-2}$

e) $[(-2^{-1})^{3}]^{-2} : \frac{(0,5)^{-3}}{(-2^{-1})^{-3}}$

27. Calcule

a) $-2^{3^{2}}$

b) $[-(-3)^{2}]^{3}$

c) $-(-8:4)^{396} : \left[\left(-\frac{1}{2}\right)^{-1}\right]^{395}$

d) $5^{7-3^{2}:3} \,.\, 5^{2^{3}-2^{2}} \,.\, 5^{(-2)^{3}}$

28. Resolva

a) $5x + 50 = 4x + 56$

b) $18x + 4 = 34x - 4$

c) $7(x - 3) = 9(x + 1) - 38$

d) $(1 - x) - (x + 1) + x + 3 + (2x - 1) = 6$

e) $14 + (x - 2) = [6 - (6x - 12)] - x$

f) $\frac{x}{3} + x - \frac{8}{15} = \frac{6x}{5}$

g) $x - 6\frac{1}{4} - \frac{x}{6} + \frac{5x}{12} = 0$

h) $\frac{3x}{4} - \frac{5}{4} + \frac{2x-2}{3} = \frac{3x}{2} - 2$

i) $2 - x + \frac{1+2x}{3} - 2(1-x) = \frac{3}{8}$

j) $\frac{5(1+3x)}{2} - \frac{5(1-3x)}{8} = \frac{18}{3} + \frac{3x}{4}$

29. Calcule

a) $\frac{17-3x}{5} - \frac{2x+1}{1\frac{1}{2}} = \frac{29-11x}{3}$

b) $0,15x + 0,2 - 0,875x + 0,375 = 0,0625x - 1$

c) $\frac{x - 1\frac{25}{26}}{2} - \frac{2-6x}{13} = x - \frac{5x - \frac{1}{4}(10-3x)}{39}$

30. Resolva

a) $0,5(x-1) - \frac{8 - \frac{3x}{7}}{5} = 0,2(x+3)$

b) $\frac{1}{9}\left[3x - 6 - 5\left(\frac{7x}{2} - 5\right)\right] + 2^{-1} = \frac{5x+1}{18}$

c) $\dfrac{x-\dfrac{1}{2}}{3}-\dfrac{1-x}{2}+\dfrac{\dfrac{0,6(x-3)}{2}}{0,3}=0$

d) $x-0,5-\dfrac{1+\dfrac{3x}{2}}{2}+\dfrac{1}{24}=\dfrac{2x-\dfrac{1}{3}}{4}-2^{-3}$

Testes de Vestibular

T1. (UF–RN) Simplificando o quociente $\frac{a^3-1}{a^2+a+1}$ obteremos:

a) $1-a$ b) $a-1$ c) $\frac{1}{a-1}$ d) $a+1$ e) $ax+1$

T2. (UF–MG) Considere os polinômios $P(x)=x^2-3x+2$ e $M(x)=x^3-8$. O quociente do mínimo múltiplo comum pelo máximo divisor comum desses polinômios é:

a) $x-1$ b) $x-2$ c) $(x-1)(x-2)$ d) $(x-1)(x^2+2x+4)$ e) $(x-2)(x^2+2x+4)$

T3. (CESGRANRIO) Simplificando $\frac{4x^3-x}{2x+1}$, obtemos:

a) x^2+1 b) x^2-1 c) $2x^2-1$ d) $2x^2-x$ e) $2x^2+1$

T4. (COVEST) Considere a função $f(x)=\frac{x^2-1}{x^4+2x^3+x^2}$ definida para $x \in IR,\ x \neq 0$. Assinale outra expressão para $f(x)$.

a) $\frac{x-1}{x^3+1}$ b) $\frac{x-1}{x^3+x^2}$ c) $\frac{x^2-1}{x^3+x}$ d) $\frac{x-1}{x+1}$ e) $\frac{x+1}{x^2+1}$

T5. (FATEC) Se os números reais x e y são tais que $y=\frac{x^3+2x^2+x}{x^3+3x^2+3x+1}$, então y é igual a:

a) $\frac{2}{7}$ b) $\frac{x+2}{x+3}$ c) $\frac{x+1}{x+3}$ d) $\frac{x}{x+1}$ e) $\frac{2x+1}{3(x+1)}$

T6. (CESCEM) O valor de ab^2-a^3, para $a=\frac{-x}{2}$ e $b=2x$, é:

a) $\frac{17}{8}x^3$ b) $\frac{-17}{8}x^3$ c) $\frac{-15}{8}x^3$ d) $\frac{-11}{6}x^3$ e) $\frac{-13}{6}x^3$

T7. (FGV–SP) Simplificando a expressão $\frac{2(x-2)(x-3)^3-3(x-2)^2(x-3)^2}{(x-3)^6}$, obtem-se:

a) $\frac{x(x-2)}{(x-3)^3}$ b) $\frac{x(2-x)}{(x-3)^3}$ c) $\frac{x(x-2)}{(x-3)^4}$ d) $\frac{x(2-x)}{(x-3)^4}$ e) $\frac{5x(x-2)}{(x-3)^4}$

T8. (ESPM) Fatorando a expressão x^3+x^2-4x-4, tem-se:

a) $x(x^2+x+4)+4$ b) (x^2+4) c) $x^3+x^2+4(x+1)$ d) $(x+1)(x+2)(x-2)$ e) $(x+4)^2$

T9. (FEI) Simplificando a expressão, $(a^2b+ab^2)\frac{\frac{1}{a^3}-\frac{1}{b^3}}{\frac{1}{a^2}-\frac{1}{b^2}}$, obtemos:

a) $a+b$ b) a^2+b^2 c) ab d) a^2+ab+b^2 e) $b-a$

T10. (UF–RN) Simplificando o quociente $\frac{a^3+1}{a^2-a+1}$, obtemos:

a) $1-a$ b) $a-1$ c) $\frac{1}{a-1}$ d) $a+1$ e) a^2+1

T11. (CESGRANRIO) Se (x, y) é a solução do sistema $\begin{cases} \dfrac{4}{x} + \dfrac{3}{y} = 4 \\ \dfrac{2}{x} - \dfrac{6}{y} = -3 \end{cases}$ então $x + y$ é:

a) -12 b) $\dfrac{1}{5}$ c) $\dfrac{2}{3}$ d) $\dfrac{7}{2}$ e) 5

T12. (CESGRANRIO) Se $y = \dfrac{x^4 + x^2}{x+1}$, o valor de y para $x = -\dfrac{1}{2}$ é:

a) $\dfrac{5}{24}$ b) $-\dfrac{5}{32}$ c) $-\dfrac{5}{8}$ d) $\dfrac{5}{32}$ e) $\dfrac{5}{8}$

T13. (UF–BA) O valor da expressão $\dfrac{x^3 - 6x^2 + 9x}{x^2 - 9} \cdot \dfrac{x+3}{x}$, para $x = 102$, é:

a) 100 b) 99 c) 98 d) 97 e) 96

T14. (CESGRANRIO) O sistema $\begin{cases} 3x + y = 2 \\ 11x + 4y = 3 \end{cases}$ tem solução:

a) x = 5, y = 13 b) x = –5, y = 13 c) x = 5, y = –13 d) x = –5, y = –13 e) x = 2, y = –13

T15. (PUC–SP) Qual dos seguintes pares ordenados (x, y) não é solução do sistema $\begin{cases} 2x - y = 3 \\ -6x + 3y = -9 \end{cases}$?

a) $(1, -1)$ b) $(0, -3)$ c) $\left(\dfrac{1}{2}, -2\right)$ d) $(1, 1)$ e) $\left(\dfrac{3}{2}, 0\right)$

T16. (CESGRANRIO) Se (x, y) é solução de $\begin{cases} x + 2y = 5 \\ 4x - y = 2 \end{cases}$ então o valor de $x + y$ é:

a) 4 b) 3 c) 2 d) 1 e) 0

T17. (UF–MG) O valor de y tal que $\begin{cases} 2x - 3y = 6 \\ 2x + y = 22 \end{cases}$ é:

a) –3 b) –2 c) 4 d) 5 e) 6

T18. (FUVEST) Um casal tem filhos e filhas. Cada filho tem o número de irmãos igual ao número de irmãs. Cada filha tem o número de irmãos igual ao dobro do número de irmãs. Qual é o total de filhos e filhas do casal?
a) 3 b) 4 c) 5 d) 6 e) 7

T19. (CESGRANRIO) O máximo divisor comum de 40 e 32 é:
a) 8 b) 5 c) 1 d) 2 e) 4

T20. (F.C.CHAGAS–BA) Seja M(x) o conjunto de todos os múltiplos do número inteiro x. O conjunto $M(6) \cap M(15)$ é igual ao conjunto:
a) M(6) b) M(12) c) M(15) d) M(30) e) M(90)

T21. (FUVEST) O valor da expressão $a^3 + 3a^2x^2y^2$ para a = –10, x = –2 e y = 1, é:
a) 100 b) 50 c) –150 d) –200 e) 200

T22. (PUC–SP) A solução da equação $2(x+1) = 3(2-x)$ satisfaz a desigualdade:

a) $x < -1$ b) $-1 < x < 0$ c) $0 < x < 1$ d) $1 < x < 2$ e) $x > 2$

T23. (CESGRANRIO) Seja N o menor inteiro positivo cujo triplo é divisível por 9, 11 e 14. Então, a soma dos algarismos de N é:

a) 16 b) 15 c) 14 d) 13 e) 12

T24. (FGV) Num pátio existem automóveis e bicicletas. O número total de rodas é 130 e o número de bicicletas é o triplo do número de automóveis. Então, o número total de veículos que se encontram no pátio é:

a) 50 b) 42 c) 52 d) 54 e) 62

T25. (MACK) Um número é composto de dois algarismos cuja diferença é 3. Escrito na ordem inversa obtém-se $\frac{4}{7}$ do número dado. O número dado é:

a) 96 b) 74 c) 69 d) 63 e) 52

T26. (UF–MG) O número natural n é o máximo divisor comum dos números 756 e 2205. Então, a soma dos algarismos de n é igual a:

a) 3 b) 8 c) 6 d) 9 e) 13

T27. (UF–MG) José decidiu nadar, regularmente, de quatro em quatro dias. Começou a fazê-lo em um Sábado; nadou pela Segunda vez na Quarta-feira seguinte e assim por diante.

Nesse caso, na centésima vez que José for nadar, será:

a) Terça-feira b) Quarta-feira c) Quinta-feira d) Sexta-feira e) Sábado

T28. (UNIRIO) O valor de $\sqrt{15-\sqrt{32+\sqrt{25-\sqrt{81}}}}$ é:

a)1 b) 2 c) 3 d) 4 e) 5

T29. (UFAC) O valor da expressão numérica $2-\left\{\frac{1}{2}:4-6^0+[5+(2^2:0,333...)]\right\}$ é:

a) 23 b) $-\frac{113}{8}$ c) – 10 d) 0,25 e) 0,113

T30. (FGV–SP) Identifique a alternativa incorreta:

a) Todo número inteiro é racional.
b) O quadrado de um número irracional é real.
c) A soma de dois números irracionais pode ser racional.
d) O produto de dois números irracionais é sempre irracional.
e) Todo número primo maior que 2 é ímpar.

T31. (PUC–RJ) O valor de $\frac{\sqrt{1,777...}}{\sqrt{0,111...}}$ é:

a) 4,444... b) 4 c) 4,777... d) 3 e) $\frac{4}{3}$

T32. (UFRS) Dentre os números seguintes

a = 0,171717... ; b = 0,313113111311113... ; c = 0,4242242224... ;
d = 0,897638976389763... ; e = 3

a) nenhum é racional
b) todos são racionais
c) apenas e é racional
d) apenas a, d, e são racionais
e) apenas b, c são racionais

T33. (UNIFOR–CE) Sobre as igualdades

I. $0,757575... = \frac{25}{33}$

II. $2,5333... = \frac{114}{45}$

III. $1,444... = \frac{13}{9}$ é correto afirmar que:

a) somente I é verdadeira b) somente II é verdadeira
c) somente III é verdadeira d) somente I e II são verdadeiras
e) I, II e III são verdadeiras

T34. (CESGRANRIO) Simplificando a expressão $a^3(a^2+a^3):a^5$, encontramos:

a) $1+a$ b) $a+a^2$ c) $1+5a$ d) $1-a$ e) a^3

T35. (UFMG) O quociente da divisão de $4x^4-4x^3+x-1$ por $4x^3+1$

a) $x-5$ b) $x-1$ c) $x+5$ d) $4x-5$ e) $4x+8$

T36. (UEMG) O resto da divisão de $3x^4-2x^3+4x-10$ por $x-2$ é:

a) 10 b) 30 c) 20 d) 0 e) *n.d.a*

T37. (ULBRA–RS) Sendo $A=x-3$, $B=x^2+3$ *e* $C=9x$, o valor de A^2-B+C é:

a) $3(x+4)$ b) $x+4$ c) $3(x+2)$ d) $x+2$ e) $3x$

T38. (FGV–SP) Seja N o resultado da operação 375^2-374^2. A soma dos algarismos de N é:

a) 18 b) 19 c) 20 d) 21 e) 22

T39. (UNIFOR–CE) Fatorando-se a expressão $a^5b-a^3b^3+a^4b^2-a^2b^4$, obtém-se:

a) $ab^2(a+b)^2(a-b)$

b) $ab^2(a-b)^2(a+b)$

c) a^3

d) $a^2b(a-b)^2(a+b)$

e) $a^2b(a+b)^2(a-b)$

T40. (MOGI–SP) A expressão $\dfrac{x^2+6x+9}{x+3}$, onde U = IR – { – 3} é equivalente a:

a) $x+3$ b) $x-3$ c) x d) $x-1$ e) $x+1$

T41. (MACHENZIE–SP) A expressão $\dfrac{(x^2+x-6)(x+2)}{x^4-16}$ é igual a:

a) $\dfrac{x+3}{x-2}$ b) $\dfrac{x-2}{x+2}$ c) $\dfrac{x+2}{x^2+4}$ d) $\dfrac{x+3}{x+2}$ e) $\dfrac{x+3}{x^2+4}$

T42. (UFRG) Para $a \neq -3$ *e* $a \neq 3$, a expressão $\dfrac{a^2+6a+9}{3}:\dfrac{a^2-9}{a-3}$ é equivalente a:

a) $\dfrac{a+3}{3}$ b) $a+2$ c) $a+3$ d) $a-3$ e) $\dfrac{a-3}{3}$

T43. (PUC/CAMPINAS-SP) A expressão $\dfrac{a^2+2ab+b^2}{a^2-b^2}:\dfrac{a-b}{a+b}$ para $a \neq b$ *e* $a \neq -b$, é igual a:

a) $\dfrac{1}{(a+b)^2}$ b) $\dfrac{(a+b)^3}{a^2+b^2}$ c) $\left(\dfrac{a+b}{a-b}\right)^2$ d) $\dfrac{1}{a-b}$ e) $\dfrac{2a^2b+2ab^2}{9-b}$

T44. (PUC/CAMPINAS-SP) Seja *x* um número real diferente de 2 e – 2. Efetuando-se $\dfrac{x+1}{x-2}+\dfrac{2-7x}{x^2-4}$, obtém-se:

a) $-\dfrac{x+1}{2(x-2)}$ b) $\dfrac{x+2}{x-2}$ c) $\dfrac{x-2}{x+2}$ d) $-4x-1$ e) $\dfrac{x^2-7x+4}{x^2-4}$

T45. (UNIVERSIDADE SÃO FRANCISCO-SP) O valor da expressão $\dfrac{x^2-y^2}{x+y}.\dfrac{x^2+2xy+y^2}{x-y}$

para $x=1{,}25$ *e* $y=-0{,}75$ é:

a) – 0,25 b) – 0,125 c) 0 d) 0,125 e) 0,25

T46. (PUC–MG) Uma fração se torna igual a 2 quando se aumenta o seu numerador de 3, e igual a $\dfrac{1}{2}$ quando se aumenta o denominador de 9. A soma dos termos dessa fração é:

a) 8 b) 9 c) 10 d) 11 e) 12

T47. (FEM–MG) O par ordenado $(x\ ,\ y)$ é a solução do sistema: $\begin{cases} -1 = -\dfrac{3y}{2} + x \\ 6y = 3(x-4) \end{cases}$

Então, $x + y$ é igual a:

a) + 6 b) + 12 c) – 26 d) – 16 e) – 4

Questões de Vestibular

Q1. (FAAP) Simplifique $\dfrac{x^2-1}{x^2-2x} \cdot \dfrac{3x-6}{4x+4}$

Q2. (POLI) Simplifique $\dfrac{x^3-y^3}{x-y} - \dfrac{x^3+y^3}{x+y}$

Q3. (MACK) Simplifique $\dfrac{x^3y+2x^2y^2+xy^3}{x^2y+xy^2}$

Q4. (FUVEST) Resolver a equação $\dfrac{7}{x-1} = \dfrac{6x+1}{x+1} - \dfrac{3\left(1+2x^2\right)}{x^2-1}$.

Q5. (FUVEST) João diz a Pedro: se você me der $\frac{1}{5}$ do dinheiro que possui eu ficarei com uma quantia igual ao dobro do que lhe restará. Por outro lado, se eu lhe der R$ 6.000,00 do meu dinheiro nós ficaremos com quantias iguais. Quanto dinheiro possui cada um?

Q6. (VUNESP) Em um restaurante, todas as pessoas de um grupo pediram um mesmo prato principal e uma sobremesa. Com o prato principal o grupo gastou R$ 56,00 e com a sobremesa R$ 35,00; cada sobremesa custou R$ 3,00 a menos do que o prato principal.

a) Encontre o número de pessoas deste grupo.
b) Qual o preço do prato principal?

Q7. (VUNESP) Como se sabe, os icebergs são enormes blocos de gelo que se desprendem das geleiras polares e flutuam nos oceanos. Suponha que a parte submersa de um iceberg corresponde a $\frac{8}{9}$ de seu volume e que o volume da parte não submersa é de $165.000m^3$. Calcule o volume total do iceberg.

Q8. (UNICAMP) Uma senhora comprou uma caixa de bombons para seus dois filhos. Um destes tirou para si metade dos bombons da caixa. Mais tarde, outro menino tirou para si metade dos bombons que encontrou na caixa. Restaram 10 bombons. Calcule quantos bombons havia inicialmente na caixa.

Q9. (UNICAMP) Uma torneira enche um tanque em 12 minutos, enquanto uma segunda torneira gasta 18 minutos para encher o mesmo tanque. Com o tanque inicialmente vazio, abre-se a primeira torneira durante x minutos; ao fim desse tempo fecha-se essa torneira e abre-se a segunda a qual termina de encher o tanque em $x+3$ minutos. Calcule o tempo gasto para encher o tanque.

Q10. (VUNESP) Uma pessoa obesa, pesando num certo momento 156 Kg, recolhe-se a um SPA onde se anunciam perdas de até 2,5 Kg por semana. Suponhamos que isso realmente ocorra. Nessas condições:

a) Encontre uma fórmula que expresse o peso mínimo, P, que essa pessoa poderá atingir após n semanas.
b) Calcule o número mínimo de semanas completas que a pessoa deverá permanecer no SPA para sair de lá com menos de 120 Kg de peso.

Q11. (FGV) Considere o sistema linear nas incógnitas x e y $\begin{cases} mx-2y=3 \\ 4x+y=n \end{cases}$. Resolva o sistema para m = – 3 e n = -2.

Q12. (FUVEST) Calcule o valor numérico de $\dfrac{-x^2 + xy}{y}$ para x = –0,1 e y = 0,001.

Q13. (MAPOFEI) Determinar o MMC e o MDC dos polinômios: $x^2 - 1$, $x^2 + 3x + 2$, $x^2 + 2x + 1$

Q14. (FAAP) Simplificar $\dfrac{x^2 - 1}{x^2 + 2x} \cdot \dfrac{3x + 6}{4x - 4}$.

Q15. (MACK) Se $\dfrac{x}{7} = \dfrac{y}{3}$ e x . y = 189, determine o valor de x – y.

Q16. (FUVEST) Dois quintos do meu salário são reservados para o aluguel e a metade do que sobra, para a alimentação. Descontados o dinheiro do aluguel e o da alimentação, coloco um terço do que sobra na poupança, restando então R$ 1200,00 para gastos diversos. Qual é o meu salário?

Q17. (UF–SC) Um fazendeiro repartiu 240 reses entre seus três herdeiros da seguinte forma: o primeiro recebeu $\dfrac{2}{3}$ do que recebeu o segundo, e o terceiro tanto quanto o primeiro e o segundo receberam juntos. Quanto recebeu o primeiro herdeiro.

Q18. (MAPOFEI) Supondo x e y números reais com $x - y \neq 0$ e $x + y \neq 0$, simplificar a expressão algébrica $\dfrac{x^3 - y^3}{x - y} + \dfrac{x^3 + y^3}{x + y}$

Q19. (PUC–RJ) Determine o conjunto de números reais que satisfazem a equação $\dfrac{2x^2}{x-1} - \dfrac{2x+7}{3} + \dfrac{4-6x}{x-1} + 1 = 0$

Q20. (MAPOFEI) Resolver o sistema $\begin{cases} \dfrac{1}{x} + \dfrac{1}{y} = \dfrac{7}{12} \\ xy = 12 \end{cases}$

Gabarito

Fatoração

01. a) $4(x-y)$ b) $3(x-y)$ c) $2y(y-2)$ d) $y(y-1)$ e) $a^2(a+2)$ f) $a(a+4)$ g) $5(2x^2-3)$ h) $x^2(25x-1)$

i) $2ab(2-3b)$ j) $x(a-b+c)$

02. a) $7(a+b)$ b) $x(y-z)$ c) $a(x+y)$ d) $7a(a-1)$ e) $x(y+2)$ f) $a^2(ax+y)$ g) $2x(2x^2+x+1)$

h) $a^2x^2(a+x^2)$ i) $4ab(2a^2b-a+1)$ j) $5x^2y^2(3x-1)$

03. a) $a(x^2-y^3)$ b) $9(x^2-10)$ c) $10xy(10xy-1)$ d) $5a(5a-1)$ e) $3x^4(6x^2-5)$ f) $a(b+c-d)$

g) $\frac{1}{2}\left(x^2+\frac{1}{2}y^2\right)$ h) $\frac{2ab}{5}(a+b)$ i) $\frac{am^2}{4}\left(1-\frac{1}{2}a\right)$ j) $\frac{1}{2}\left(x-\frac{1}{3}y\right)$

04. a) $a(3a^6-5a^4-4a^2+2a-1)$ b) $a^3(a^4-7a+4a^3-9a^2-7)$ c) $17a^3b^2c(1-3abm+5a^2)$

d) $7x^3y^2z(5xy-3x^3z^2+12y^3)$ e) $14x^4b^2(5x^3+6x^2b+b^3-7xb^2)$

05. a) $(a-b)(4+x)$ b) $(x+y)(3+b)$ c) $(y+1)(x+a)$ d) $(a^2-2)(a^2+3)$ e) $(a+2b)(a^2-3)$ f) $(m-n)(a+b)$

g) $(a+2b)(y+x)$ h) $(3a+b)(x+y)$ i) $(a-b)(2+c)$ j) $(3a-2b)(x+3y)$

06. a) $(x+y)(7+a)$ b) $(a+b)(2+x)$ c) $(a-b)(x+y)$ d) $(x+y)(9+b)$ e) $(x-y)(a+1)$ f) $(x^2+y^2)(ab+c)$

g) $(x+9)(x^3-6)$ h) $(a-1)(a^2-5)$ i) $(x-2y)(a+5b+11c)$ j) $(x-y)(x+a)$

07. a) $xy(3x+y)(3x-4)$ b) $4x^2(2x-y^2)(3x-2y)$ c) $(x-5)(x^2-2)$ d) $(2y-3x)(2x+3y^2)$

e) $y(4y-3)(2x-5)$ f) $(3x+4)(5x-8y)$ g) $2(2y-3x)(2-x^2y)$ h) $(3a-2b)(5a+4b^2)$

i) $2mn(m-4)(3n-7)$ j) $2xy(3x-5)(y+2)$

08. a) $(x-16)(3x^2+5)$ b) $3(x-5)(27x^2-25)$ c) $2(x^2-6x+10)$ d) $(3a^2-b^2)(2a-b)$ e) $(x^2-xy+y^2)(x-1)$

09. a) $(x+y)(x-y)$ b) $(x+5)(x-5)$ c) $(y+3)(y-3)$ d) $(m+n)(m-n)$ e) $(3x-5)(3x+5)$ f) $(2x+1)(2x-1)$

g) $(3a+2b)(3a-2b)$ h) $(4x+3y)(4x-3y)$ i) $(3x+5y)(3x-5y)$ j) $(x+3y)(x-3y)$

10. a) $(x+9y)(x-9y)$ b) $(3x+1)(3x-1)$ c) $(2a+3)(2a-3)$ d) $(a+6bc)(a-6bc)$ e) $(7y-4)(7y+4)$

f) $(x+5y)(x-5y)$ g) $(3xy+2z)(3xy-2z)$ h) $(11m+n)(11m-n)$ i) $(7m+2a)(7m-2a)$

j) $(10x+9yz^2)(10x-9yz^2)$

11. a) $\left(x+\frac{1}{x}\right)\left(x-\frac{1}{x}\right)$ b) $\left(a+\frac{1}{m}\right)\left(a-\frac{1}{m}\right)$ c) $\left(\frac{1}{2b}+a\right)\left(\frac{1}{2b}-a\right)$ d) $\left(2ab+\frac{1}{2}\right)\left(2ab-\frac{1}{2}\right)$ e) $\left(3a-\frac{1}{2a}\right)\left(3a+\frac{1}{2a}\right)$

f) $\left(xy+\frac{1}{y}\right)\left(xy-\frac{1}{y}\right)$ g) $\left(\frac{1}{b}+a\right)\left(\frac{1}{b}-a\right)$ h) $\left(4x+\frac{1}{4x}\right)\left(4x-\frac{1}{4x}\right)$ i) $\left(\frac{1}{6x}+3x\right)\left(\frac{1}{6x}-3x\right)$ j) $\left(3x+\frac{7}{6yz}\right)\left(3x-\frac{7}{6yz}\right)$

12. a) $\left(x-\frac{9}{x}\right)\left(x+\frac{9}{x}\right)$ b) $\left(7a-\frac{6}{m}\right)\left(7a+\frac{6}{m}\right)$ c) $\left(\frac{1}{2b}+\frac{a}{3}\right)\left(\frac{1}{2b}-\frac{a}{3}\right)$ d) $\left(\frac{2a}{9}-\frac{y^2}{2}\right)\left(\frac{2a}{9}+\frac{y^2}{2}\right)$

e) $\left(\frac{11}{2a}-3ab\right)\left(\frac{11}{2a}+3ab\right)$ f) $\left(\frac{x}{5}-\frac{4a}{y}\right)\left(\frac{x}{5}+\frac{4a}{y}\right)$ g) $\left(\frac{10}{b}-8a\right)\left(\frac{10}{b}+8a\right)$ h) $\left(15x-\frac{14}{x}\right)\left(15x+\frac{14}{x}\right)$

i) $\left(\frac{1}{6x}+\frac{m}{a^2}\right)\left(\frac{1}{6x}-\frac{m}{a^2}\right)$ j) $\left(3xy-\frac{7}{6}\right)\left(3xy+\frac{7}{4}\right)$

13. a) $(ab-1)(ab+1)$ b) $(x+y^2)(x-y^2)$ c) $(x^2-y^2z^3)(x^2+y^2z^3)$ d) $(x-y^3)(x+y^3)$ e) $(2x-y^2)(2x+y^2)$

f) $(3a^2b-2m)(3a^2+2m)$ g) $(a^2+1)(a+1)(a-1)$ h) $(2a^3-3)(2a^3+3)$ i) $(3b-a^2)(3b+a^2)$

j) $4(3x^2y-1)(3x^2y+1)$

14. a) $\left(ab-\frac{c^2}{4}\right)\left(ab+\frac{c^2}{4}\right)$ b) $\left(x-\frac{y^2}{9m}\right)\left(x+\frac{y^2}{9m}\right)$ c) $(2x^2-11yz^4)(2x^2+11yz^4)$ d) $\left(\frac{3a^2b}{8}-2m\right)\left(\frac{3a^2b}{8}+2m\right)$

e) $\left(mn^2-\frac{9}{4}\right)\left(mn^2+\frac{9}{4}\right)$ f) $\left(\frac{1}{xy^3}-14\right)\left(\frac{1}{xy^3}+14\right)$

15. a) $9xy(3x+1)(3x-1)$ b) $4a^2(5a^2+4)(5a^2-4)$ c) $xy(9x-25y)$ d) $4x^2y^2(3x+y)(3x-y)$

e) $7x^3(3x-4)(3x+4)$ f) $(4x^2+9y^4)(2x+3y^2)(2x-3y^2)$ g) $xy(8x^3+y^2)(8x^3-y^2)$

h) $(xy+4m^2)(xy-4m^2)$ i) $45b^2c(4a^2+b)(4a^2-b)$ j) $5abc^5(6a+b)(6a-b)$

16. –305 **17.** 25.069.793 **18.** –119.740 **19.** 39.100 **20.** –9.640 **21.** 910.000 **22.** $-1280\sqrt{2}+512$

23. 2 **24.** 1 **25.** a) $(a+b)^2$ b) $(x-5)^2$ c) $(y+3)^2$ d) $(a-b)^2$ e) $(3x+5)^2$ f) $(2x+1)^2$ g) $(2a+3b)^2$

h) $(4x+3y)^2$ i) $(3x-5y)^2$ j) $(x-3y)^2$

26. a) $(x+3y)^2$ b) $(3x-1)^2$ c) $(2a-3)^2$ d) $(a-6b)^2$ e) $(y+4)^2$ f) $(x-5y)^2$ g) $(3y-2x)^2$ h) $(m-11n)^2$

i) $(2a+7m)^2$ j) $(10x+9y)^2$

27. a) $\left(x+\frac{1}{x}\right)^2$ b) $\left(a+\frac{1}{m}\right)^2$ c) $\left(a-\frac{1}{2b}\right)^2$ d) $\left(\frac{1}{2}-2a\right)^2$ e) $\left(3a+\frac{1}{2a}\right)^2$ f) $\left(x-\frac{1}{y}\right)^2$ g) $\left(a+\frac{1}{b}\right)^2$ h) $\left(4x+\frac{1}{4x}\right)^2$

i) $\left(3x+\frac{1}{6x}\right)^2$ j) $\left(3x+\frac{1}{6}\right)^2$

28. a) $(ab+1)^2$ b) $(x+y^2)^2$ c) $(x^2+y^2)^2$ d) $(x+y^3)^2$ e) $(2x-y^2)^2$ f) $(3a^2b-2m)^2$ g) $[(a+1)(a-1)]^2$

h) $(2a^3+3)^2$ i) $(a^2+3b)^2$ j) $4(3x^2y-1)^2$

29. a) $(a+b+6)(a+b-6)$ b) $(a-b-2)(a-b+2)$ c) $(2a+b+3)(2a+b-3)$ d) $(3a+2b+5)(3a+2b-5)$
e) $(a-2b+1)(a-2b-1)$ **30.** a) $-4ab$ b) $(4a-b)(-2a-3b)$ c) $a(3a+2b)$ d) $(5a-2b)(a+4b)$

e) $(5a+3b)(-3a+b)$ **31.** a) $(x-2y+2)(x-2y-2)$ b) $(2x-3y+3)(2x-3y-3)$

c) $(3x+y+5)(3x+y-5)$ d) $(m-1+n)(m-1-n)$

32. a) $2x(x+2y)^2$ b) $[(2a-3)(2a+3)]^2$ c) $(3x-y+5)(3x-y-5)$ d) $4x^2y^2(3x-y)^2$ e) $3x(4x^2-3)^2$

f) $(2y-5x+6)(2y-5x-6)$ g) $(8x^3+y)^2$ h) $(xy-4)(xy+4)$ i) $(25a^2+9b^2)(5a+3b)(5a-3b)$

j) $(15a^3-4b^2)(15a^3+4b^2)$

33. a) $(x-y)(x+z)$ b) $x(a+b+c)$ c) $19a^3b^3(2bc-3d-5ad)$ d) $(x^3+y)^2$ e) $\left(\frac{x}{6}+\frac{y}{11}\right)\left(\frac{x}{6}-\frac{y}{11}\right)$

f) $9x^2y^2(3x+4y)(3x-4y)$ g) $4x^2(2x-y^2)(3x-2y)$ h) $(7x^3-y)(7x^3+y)$ i) $(x^2-12)(x^2+12)$

j) $(2x-y)(2x+3y)(2x-3y)$

34. 1.069.721 **35.** 64 **36.** 93 **37.** 0 **38.** $\frac{289}{9}$ **39.** 900 **40.** 25 **41.** 304.691 **42.** 3

43. a) $(x+2)(x+5)$ b) $(x+2)(x-7)$ c) $(x+4)(x+5)$ d) $(x-8)(x+7)$ e) $(x+6)(x-3)$ f) $(x+9)(x-8)$

g) $(x+11)(x-5)$ h) $(x-2)(x-7)$ i) $(x-3)(x-27)$ j) $(x+8)(x-1)$

44. a) $(x-12)(x-3)$ b) $(a-12)(a+2)$ c) $(m-4)(m+3)$ d) $(m-3)(m-1)$ e) $(x-25)(x-1)$ f) $(x-25)(x-4)$

g) $(x-2)(x-3)$ h) $(x-4)(x-2)$ i) $(x+7)(x-6)$ j) $(a+7)(a-5)$

45. a) $(x+2)(x-2)(x+3)(x-3)$ b) $(x+2)(x-2)(x+5)(x-5)$ c) $(x+1)(x-1)(x+5)(x-5)$ d) $(x^2+5)(x^2+1)$

e) $(x^3-3)(x^3-2)$ f) $(x^3+5)(x^3-2)$ g) $(x^4-3)(x^4-12)$ h) $(x^2+4)(x^2+3)$ i) $(x^3-6)(x^3-2)$

j) $(x^4-5)(x^4-3)$

46. a) $x^2(x^2-3)(x+1)(x-1)$ b) $(a-b)(a+1)$ c) $2xy(x+2)(x+4)$ d) $(x+7)(x-5)$ e) $4y^2(x^5-2x^4-15)$

f) $(m-n)^2$ g) $(6ab^2+1)(6ab^2-1)$ h) $(w+2y-3)(2x-3y)$ i) $(3a+2b)^2$ j) $(x-6)(x+5)$

47. a) $x(x+1)(x-1)$ b) $x(x+1)^2$ c) $(x+1)(x^2+4)$ d) $x(x+5)^2$ e) $5(2-a)(2+a)$ f) $(n-1)(m^2+1)$

g) $(3a+1)(5a^2+b^2)$ h) $(a^8+1)(a^4+1)(a^2+1)(a+1)(a-1)$

48. a) $(a+2)(a^2-2a+4)$ b) $(x+3)(x^2-3x+9)$ c) $(4x-1)(16x^2+4x+1)$ d) $(2-3m)(4+6m+9m^2)$

e) $(a+4b)(a^2-4ab+16b^2)$ f) $(4x-3y)(16x^2+12xy+9y^2)$ g) $(6m-5n)(36m^2+30mn+25n^2)$

h) $(x-6)(x^2+6x+36)$ i) $(x+5)(x^2-5x+25)$ j) $8(m-2)(m^2+2m+4)$

49. a) $(2-a)(4+2a+a^2)$ b) $(4+3x)(16-12x+9x^2)$ c) $(5x^2-y)(25x^4+5x^2y+y^2)$

d) $(2-3x^3)(4+6x^3+9x^6)$ e) $(1-x)(1+x)(1+x^2+x^4)$ f) $(7x^2+2)(49x^4-14x^2+4)$

g) $(x+y)(x-y)(x^4+x^2y^2+y^4)$ h) $(2x^2+1)(4x^4-2x^2+1)$ i) $(x^2+y)(x^4-x^2y+y^2)$

j) $(x-2)(x^2+2x+4)(x^6+8x^3+64)$

50. a) $x(x-2)(x^2+2x+4)$ b) $xy(x+y)(x^2-xy+y^2)$ c) $3x^2(2x-1)(4x^2+2x+1)$

d) $\left(x-\frac{1}{y}\right)\left(x^2+\frac{x}{y}+\frac{1}{y^2}\right)$ e) $(2x+3)(2x-3)(16x^4+36x^2+81)$ f) $\left(x-\frac{1}{2}\right)\left(x^2+\frac{y}{2}+\frac{1}{4}\right)$

g) $\left(3a-\frac{1}{5}\right)\left(9a^2+\frac{3a}{5}+\frac{1}{25}\right)$ h) $\left(\frac{a}{2}-3\right)\left(\frac{a^2}{9}+\frac{3a}{3}+9\right)$ i) $\left(\frac{1}{2}-4x^2\right)\left(\frac{1}{4}+2x^2+4x^4\right)$

j) $(x-5y)(x^2+5xy+25y^2)$

51. a) $(x-1)(x^2+x+1)(x^6+x^3+1)$ b) $(2-y)(y^2+2y+4)$ c) $(x+3)(x^2-3x+9)$ d) $2(2x-3y)(4x^2+6xy+9y^2)$

e) $\left(2x-\frac{1}{4}\right)\left(4x^2+\frac{x}{2}+\frac{1}{16}\right)$ f) $2xy(x^3-8y^2)$ g) $(x+2)(x-1)(x^2+x+1)$ h) $(x+1)(x-1)(2x+1)(4x^2-2x+1)$

i) $2x(x+1)(x-3)(x^2+3x+9)$ j) $(x+1)^2(x^2-x+1)(x^2+1)(x-1)$

52. a) $(ab^2-1)(a^2b^4+ab^2+1)$ b) $(2a-m^2n)(4a^2+2am^2n+m^4n^2)$ c) $(2x+y)(2x-y)(16x^4+4x^2y^2+y^4)$

d) $(4x-9)(2x-1)(4x^2+2x+1)$ e) $2x(x^2-2)(x^3+4)$ f) $(a-b^2)(a^2+ab^2+b^4)(a+b^2)(a^2-ab^2+b^4)$

g) $(3x+y^2)(3x-y^2)(y^2-x)(y^4+xy^2+x^2)$ h) $(a^4+1)(a^2+1)(a+1)(a-1)$ i) $(2m-1)(2m+3)(4m^2-6m+9)$

j) $(a+1)^2(a-1)$

53. 0 **54.** 2.001.000 **55.** 6 **56.** 0 **57.** 16

58. a) $(a+b)^3$ b) $(x+y)^3$ c) $(x-2)^3$ d) $(2x+1)^3$ e) $(4x-1)^3$ f) $(m+1)^3$ g) $(x+3)^3$ h) $(3x+1)^3$ i) $(x+2)^3$

j) $(m+a)^3$

59. a) $(a-b)^3$ b) $(x-y)^3$ c) $(3x-2)^3$ d) $(2x+5)^3$ e) $(x-4)^3$ f) $(2a+3)^3$ g) $(3x-2)^3$ h) $(2x+3)^3$

i) $(x-3)^3$ j) $(b-a)^3$

60. a) $(x-y^2)^3$ b) $(3x^2+1)^3$ c) $(a^3+b^2)^3$ d) $(3a-2b)^3$ e) $(x^2-4)^3$ f) $(2m-n^2)^3$ g) $(3+2a^4)^3$ h) $(1+ab^2)^3$

i) $(x-3y)^3$ j) $(8x^3-1)^3$

61. a) $\left(x+\frac{1}{3}\right)^3$ b) $\left(a-\frac{1}{2}\right)^3$ c) $\left(2x+\frac{1}{6}\right)^3$ d) $\left(\frac{m}{2}+n\right)^3$ e) $\left(x-\frac{1}{5}\right)^3$ f) $\left(\frac{x}{4}+1\right)^3$ g) $\left(2x+\frac{1}{3}\right)^3$ h) $\left(4x+\frac{y}{6}\right)^3$

i) $\left(a-\frac{1}{6}\right)^3$ j) $\left(\frac{x}{2}+a\right)^3$

62. a) $2x(2x+3)^3$ b) $(2x+1)^3(2x-1)^3$ c) $8x^3(2x-1)^3$ d) $a^3b^3(3a+2b)^3$ e) $27x^3(x+1)^3(x-1)^3$

f) $16x^2y^2(x-2y)(x^2+2xy+4y^2)$ g) $5(x+2)(x-2)(x^2+2x+4)$ h) $(x+2)(x-2)(2x+1)(4x^2-2x+1)$

i) $2x(x+1)(x-1)(x-3)(x^2+3x+9)$ j) $(x+2)(x^2-2x+4)(x^2+1)(x+1)(x-1)$

63. 0 **64** 64 **65.** 8 **66.** 1 **67.** 0 **68.** 5 **69.** 22 **70.** 74 **71.** 89

72. a) $(3x+5)(x-1)$ b) $(x+1)(2x+5)$ c) $(x-1)(4x-5)$ d) $(2x-3)(x+1)$ e) $(5x^2-6)(x^2+1)$ f) $(x-1)(x^2+x+1)(3x^3-4)$

73. a) $(x+1)(x-1)(2x-1)(2x+1)$ b) $(x+1)(x+2)(x+3)$ c) $(x-1)(x^2+4x-3)$ d) $(x-1)(x-3)(x-4)$ e) $(x-1)(x^2-x+1)$

f) $(x-2)(x^2+x-8)$

74. a) $(x-1)(x+3)(x-1)$ b) $(2x-1)(x-3)(x-1)$ c) $(x^2+x+2)(x^2-x+2)$ d) $(x^2+y^2+xy)(x^2+y^2-xy)$

e) $(x^2-y^2+xy)(x^2-y^2-xy)$ f) $(x^2-3x+3)(x^2+3x+3)$

75. a) $(2x-3)(x+1)(x-1)$ b) $(x-2)(x^2+2x+2)$ c) $(x-2)(x^2+2x+5)$ d) $(x-1)(x^2+x+2)$ e) $(x+3)(x^2-3x+5)$

f) $(x+1)(x-3)(x+2)$

76. a) x b) xy c) x^2y d) x e) $2ab^3$ f) 1 g) 1 **77.** a) $(a+b)$ b) $(x-y)$ c) $(x+y)$ d) $2(a+b)$ e) $x(x-y)$

78. a) $(a+b)$ b) $(a-b)$ c) $(a+b)$ d) 1

79. a) x b) $(x+2)$ c) $(x-1)$ d) $(a+1)$ e) ab f) $x(x-3)$ g) a h) $(a+b)(a-b)$ i) $(x+1)$ j) $(x-3)$

Frações Algébricas

80. a) 2 b) 2 c) 3 d) 8 e) 3 f) –5 g) –10 h) – 8

81. a) –2 b) $\frac{-5}{6}$ c) $\frac{1}{3}$ d) $\frac{-1}{3}$ e) $\frac{9}{5}$ f) $\frac{4}{3}$ g) $\frac{2}{5}$ h) $\frac{3}{4}$ i) $\frac{5}{3}$ j) $\frac{2}{5}$

82. a) $\frac{10}{3}$ b) $\frac{5}{7}$ c) $\frac{7}{2}$ d) $\frac{58}{21}$ e) 1 f) $\frac{-2}{5}$ g) –2 h) 6

83. a) a b) $\frac{a}{b}$ c) $\frac{ab^2}{2}$ d) $4a$ e) $\frac{-10d^2}{3c}$ f) $\frac{-xy}{2}$ g) $\frac{ab}{3c}$ h) $\frac{4y^2}{5x^2z}$ i) $\frac{-a}{4bc}$ j) $-8ab$

84. a) $a+b$ b) $a^2(a-b)$ c) ab d) $\frac{x}{x-1}$ e) $\frac{a}{a+3}$ f) $\frac{x+2}{x+1}$ g) $\frac{(x+2)^2}{(x-2)^2}$ h) $\frac{(x+3)}{(x-3)}$ i) a^2+b^2 j) $\frac{5}{3(x+2)}$

85. a) $\frac{2x-1}{x-2}$ b) $\frac{2a-1}{(a+b)^2}$ c) $\frac{a^2+ab+b^2}{7a}$ d) $\frac{4x^2+6x+9}{2x-3}$

86. a) 2 b) $\frac{1}{5}$ c) $\frac{4}{a}$ d) $\frac{1}{b}$ e) $\frac{7}{x}$ f) 5 g) $\frac{4a+b}{a}$ h) $\frac{4}{a+b}$ i) $\frac{2x}{x-y}$ j) $\frac{-7x+5}{12x}$ **87.** a) $\frac{11}{15}$ b) $\frac{-1}{10}$ c) $\frac{-19}{12}$

88. a) $\frac{15}{10}, \frac{9}{10}, \frac{6}{10}$ b) $\frac{30}{42}, \frac{8}{42}, \frac{-63}{42}$ c) $\frac{10}{100}, \frac{40}{100}, \frac{-3}{100}$ d) $\frac{-20}{24}, \frac{-14}{24}, \frac{-1}{24}$

89. a) x^3 b) x^2y^2 c) $12x^3y^3$ d) $12x^2$ e) $12a^2b^6$ f) $60x^2y^2z^2$ g) abc h) $28a^3b^3$ i) $2a^2b^2$ j) $288x^3y^2$

90. a) $(a+b)^2$ b) $(x-y)^2(x+y)^2$ c) $(x-y)^2(x+y)^2$ d) $6a(a+b)^2$ e) $6a(x-y)^2(x+y)$

91. a) $2ax$ b) $12xy$ c) $a^2(a-1)$ d) $(a-b)(a+b)$ e) $2x(2-x)$ f) $2m^2$ g) $(x-3)(x+3)^2$

h) $(x+1)(x-1)(x+2)(x-2)(x+3)$

92. a) $\frac{28bx}{12x^2}, \frac{6a}{12x^2}$ b) $\frac{9x}{12y}, \frac{4x}{12y}, \frac{10x}{12y}$ c) $\frac{x}{2y}, \frac{-y}{2y}$ d) $\frac{m}{2m^2}, \frac{2}{2m^2}, \frac{-m^2}{2m^2}$ e) $\frac{3y}{xy}, \frac{-2x^2y}{xy}, \frac{x}{xy}$

f) $\frac{2x(x-1)}{(x+1)(x-1)}, \frac{x}{(x+1)(x-1)}$ g) $\frac{(x-y)^2}{(x+y)(x-y)}, \frac{2x(x+y)}{(x+y)(x-y)}$ h) $\frac{2x(x-2)(x+2)}{(x-1)(x-2)^2(x+2)}, \frac{3y(x-1)(x-2)}{(x-1)(x-2)^2(x+2)}, \frac{-x(x-1)(x+2)}{(x-1)(x-2)^2(x+2)}$

i) $\frac{3a-4}{(a-4)(a+4)}, \frac{-1(a+4)}{(a-4)(a+4)}$

93. a) $\frac{1}{3a}$ b) $\frac{36x^2+4-3y^2}{12xy}$ c) $\frac{2a^2-4a+5}{a^2(a-1)}$ d) $\frac{37a}{18x^2}$ e) $\frac{-2b}{(x-1)(x+1)}$ f) $\frac{11x-8}{6(x+1)}$ g) $\frac{3x-y}{x-y}$ h) $\frac{2x-24}{(x-3)(x-1)}$ i) $\frac{2y}{x+y}$

94. a) $\frac{xy^2-y}{y^2(y+1)}$ b) $\frac{-2y-3}{y-1}$ c) $\frac{-3x+4}{(x-1)(x+1)}$ d) $\frac{-m}{(m-1)}$ e) $\frac{-x}{(x+2)(x-2)}$ f) $\frac{4a-1}{a^3(a-1)^2}$ g) $\frac{x-4}{x-5}$ h) $\frac{x^2-x-7}{3(x-1)(x+1)}$

i) $\frac{-2x^2+7x}{(x-3)(x-2)(x-1)}$ j) $\frac{3x}{1-x}$

95. a) $\frac{80a^2c}{21b^2}$ b) $\frac{6x^2+8xy}{12xy-9y^2}$ c) $\frac{12x^2}{7}$ d) $x+2$ e) $\frac{(x-2)^2}{(x+2)}$ f) $(x+2)(x-2)$ g) $\frac{10ab}{x}$ h) $\frac{a+2}{(1-b)(a-2)}$

i) $\frac{a(x-2y)^2}{3(a-2y)^2}$ j) $\frac{x+3}{10ab}$

96. a) $\frac{6x^2}{7ab}$ b) $2xb^2$ c) $\frac{3bx}{4y^2}$ d) $\frac{a-1}{x^3}$ e) $\frac{1}{x-y}$ f) $\frac{9(x-1)}{2y^2}$ g) $\frac{a-b}{b-c}$ h) $\frac{3x(x^2+3x+9)(3x-2)}{(4x-1).(x^2-3x+9)}$ i) $\frac{ay^2}{x}$ j) $\frac{a-b}{x}$

97. a) $\frac{1}{y}$ b) $y-x$ c) $\frac{1}{y-2}$ d) $\frac{-y}{x+y}$ e) $4a$

98. a) é uma identidade algébrica b) é uma identidade algébrica c) é uma identidade algébrica

99. a) 24 b) $\frac{28}{29}$ **100.** a) $(a+b+c)^2$ b) $(x-2y-3)^2$ c) $\frac{x^2+6}{x^2-2}$

Equações Algébricas

101. a) $S=\{6\}$ b) $S=\{4\}$ c) $S=\{1\}$ d) $S=\{1\}$ e) $S=\{1\}$ f) $S=\{1\}$ g) $S=\{4\}$ h) $S=\{4\}$ i) $S=\{-2\}$ j) $S=\{4\}$

102. a) $S=\{-2\}$ b) $S=\{-2\}$ c) $S=\{2\}$ d) $S=\left\{\frac{11}{5}\right\}$ e) $S=\{35\}$ f) $S=\{10\}$ g) $S=\{13\}$ h) $S=\{9\}$

i) $S=\left\{\frac{51}{43}\right\}$ j) $S=\left\{\frac{14}{17}\right\}$

103. 12 **104.** $R\$ 579,60$ **105.** $R\$ 220,00$ **106.** 4 **107.** 9 **108.** 120 **109.** 36 **110.** 12,13,14 **111.** 80

112. 54 *e* 18 **113.** a) $S=\{-2,-1\}$ b) $S=\{-6,-1\}$ c) $S=\{-5,-3\}$ d) $S=\{1,6\}$ e) $S=\{-7,2\}$ f) $S=\{-2,3\}$

114. a) $S=\{2,5\}$ b) $S=\{5,1\}$ c) $S=\{-3,0,2\}$ d) $S=\{0,5,6\}$ e) $S=\{-8,-2,0\}$ f) $S=\{-3,7\}$ g) $S=\{-3,2\}$

h) $S=\{0,1,6\}$ i) $S=\left\{\frac{-1}{3},0,\frac{1}{3}\right\}$ j) $S=\{-5,0,2\}$

115. a) $S=\{-5,0,5\}$ b) $S=\{-1,0,1\}$ c) $S=\{-2\}$ d) $S=\{-1,1,2\}$ e) $S=\{-2,0,2,6\}$ f) $S=\{13\}$ g) $S=\{-3,2\}$

116. a) $S=\{-3\}$ b) $S=\{-5\}$ c) $S=\{3\}$ d) $S=\{4\}$ e) $S=\{-6\}$ f) $S=\{-7\}$ g) $S=\left\{\frac{-1}{2}\right\}$ h) $S=\left\{\frac{-2}{3}\right\}$

117. a) $S=\{-2,2\}$ b) $S=\{-3,3\}$ c) $S=\{-10,10\}$ d) $S=\{-5,5\}$ e) $S=\left\{-\frac{3}{2},\frac{3}{2}\right\}$ f) $S=\nexists$ nos IR g) $S=\nexists$ nos IR

h) $S=\left\{\frac{-7}{2},\frac{7}{2}\right\}$ i) $S=\{-2,2\}$ j) $S=\nexists$ nos IR

118. a) $S=\left\{0,\frac{21}{2}\right\}$ b) $S=\{-1,0\}$ c) $S=\{-1,0\}$ d) $S=\{0,33\}$ e) $S=\{-1,0\}$ f) $S=\{0,2\}$ g) $S=\{-3,-2,2,3\}$

h) $S=\left\{\frac{-1}{3},\frac{1}{3}\right\}$ i) $S=\{-2\}$ j) $S=\{-2,2\}$

119. -1 *ou* 5 **120.** 45 *e* 54 **121.** -2 *ou* 3 **122.** -2 *ou* 6 **123.** $-12,-11,-10$ *ou* 10,11,12 **124.** 8 *ou* 12 **125.** -7 *ou* 12

126. *–15,–13,11 ou 15,13,11*

Equações Fracionárias

127. a) $Dv=IR-\left\{\frac{1}{2},\frac{1}{3}\right\}$ b) $Dv=IR-\{1,2,3\}$ c) $Dv=IR-\left\{\frac{7}{3},\frac{8}{3}\right\}$ d) $Dv=IR-\{-6,-3,2,3\}$ e) $Dv=IR-\{-1,1\}$

f) $Dv=IR-\{-1,1\}$ g) $Dv=IR-\left\{0,\frac{3}{2}\right\}$ h) $Dv=IR-\{-6,-3,2,3\}$

128. a) $Dv=IR-\{3,4\}$ b) $Dv=IR-\{-5,-2,1,3\}$ c) $Dv=IR^*-\left\{1,\frac{3}{2}\right\}$ d) $Dv=IR-\{-4,1\}$ e) $Dv=IR^*-\{-2,2\}$

f) $Dv=IR-\{1,2,3\}$ g) $Dv=IR-\left\{\frac{-7}{2},-2,-1,\frac{5}{2}\right\}$ h) $Dv=IR^*-\{1\}$

129. a) $Dv=IR^{*}\,/\,S=\{12\}$ b) $Dv=IR-\{-1\}\,/\,S=\{4\}$ c) $Dv=IR^{*}\,/\,S=\{-10\}$ d) $Dv=IR^{*}\,/\,S=\left\{\frac{3}{2}\right\}$

e) $Dv=IR^{*}\,/\,S=\{7\}$ f) $Dv=IR-\{-1\}\,/\,S=\{7\}$

130. a) $Dv=IR-\{4,5\}\,/\,S=\{7\}$ b) $Dv=IR-\{2,5\}\,/\,S=\left\{\frac{3}{2}\right\}$ c) $Dv=IR^{*}-\{1\}\,/\,S=\left\{\frac{5}{4}\right\}$ d) $Dv=IR^{*}-\{-2,2\}\,/\,S=\{1\}$

e) $Dv=IR-\{-1,1,2\}\,/\,S=\left\{\frac{1}{2}\right\}$

131. a) $Dv=IR-\{-1,1\}\,/\,S=\left\{\frac{2}{9}\right\}$ b) $Dv=IR-\{-1,1\}\,/\,S=\left\{\frac{1}{2}\right\}$ c) $Dv=IR-\{-2,2\}\,/\,S=\left\{\frac{-3}{2}\right\}$

d) $Dv=IR^{*}-\left\{\frac{3}{2}\right\}\,/\,S=\left\{\frac{10}{9}\right\}$ e) $Dv=IR^{*}-\{2\}\,/\,S=\varnothing$

132. a) $Dv=IR^{*}-\left\{\frac{-1}{2},\frac{1}{2}\right\}\,/\,S=\{-11\}$ b) $Dv=IR^{*}-\{-2,2\}\,/\,S=\{4\}$ c) $Dv=IR-\{-2,2\}\,/\,S=\{8\}$

d) $Dv=IR-\{-2,-1\}\,/\,S=\{6\}$ e) $Dv=IR-\{1,2,3\}\,/\,S=\{5\}$ f) $Dv=IR-\{1,2,3\}\,/\,S=\{-4\}$

133. a) $Dv=IR-\{-5,-4,-3\}\,/\,S=\{-10\}$ b) $Dv=IR^{*}-\left\{\frac{-1}{5},\frac{1}{5}\right\}\,/\,S=\{1\}$ c) $Dv=IR-\{-1,1\}\,/\,S=\{3\}$

d) $Dv=IR-\left\{-1,\frac{-3}{2}\right\}\,/\,S=\{2\}$ e) $Dv=IR-\{-3,-1,1\}\,/\,S=\{5\}$

134. a) $Dv=IR-\{-1,1\}\,/\,S=\{\ \}$ b) $Dv=IR-\left\{\frac{-1}{2},\frac{1}{2}\right\}\,/\,S=\varnothing$ c) $Dv=IR-\{-3,-2,-1\}\,/\,S=\{8\}$

d) $Dv=IR-\{-1,1\}\,/\,S=\{0\}$ e) $Dv=IR-\{-1,1\}\,/\,S=\{-3\}$

135. a) $Dv=IR-\{-1,1\}\,/\,S=\{\ \}$ b) $Dv=IR^{*}\,/\,S=\varnothing$ c) $Dv=IR-\{1,3\}\,/\,S=\{-1\}$ d) $Dv=IR-\{-1,1\}\,/\,S=\{\ \}$

Equações Literais

136. a) $S=\left\{\frac{-b}{a},\,com\ a\neq 0\right\}$ b) $S=\{2,\,com\ a\neq 0\}$ c) $S=\left\{\frac{a}{b},\,com\ b\neq 0\right\}$ d) $S=\left\{\frac{c}{a-b},\,com\ a\neq b\right\}$ e) $S=\{3a,\,com\ a\neq -1\}$

f) $S=\left\{\frac{2a}{2a-1},\,com\ a\neq\frac{1}{2}\right\}$ g) $S=\left\{\frac{-1}{b},\,com\ b\neq 0\right\}$ h) $S=\{1,\,com\ b\neq 0\}$ i) $S=\{a-b,\,com\ a\neq b\}$

j) $S=\left\{\frac{a^2+b^2}{2ab},\,com\ a\neq 0\ e\ b\neq 0\right\}$

137. a) $S=\{b,\,com\ a\neq 0\}$ b) $S=\{a+b,\,com\ a\neq -b\}$ c) $S=\left\{\frac{a^2+b^2}{a-b},\,com\ a\neq b\right\}$ d) $S=\left\{\frac{6-2b}{3a},\,com\ a\neq 0\right\}$

e) $S=\{7,\,com\ a\neq 0\ e\ b\neq 0\}$ f) $S=\{1,\,com\ a\neq 0\ e\ b\neq -c\}$ g) $S=\left\{\frac{1}{3a-6},\,com\ a\neq 2\right\}$ h) $S=\left\{\frac{10}{2m-1},\,com\ m\neq\frac{1}{2}\right\}$

i) $S=\{0,\,com\ m\neq n\}$ j) $S=\left\{\frac{a}{b},\,com\ b\neq 0\ e\ a\neq 1\right\}$

138. a) $S=\{b,\,com\ a\neq 0\}$ b) $S=\left\{a^2,\,com\ a\neq 0\ e\ ab\neq\frac{-1}{2}\right\}$ c) $S=\{2a-4b,\,com\ a\neq 0\ e\ a\neq -2\}$

d) $S=\{2,\,com\ a\neq 0,\,b\neq 0\ e\ a\neq -b\}$

139. a) $S=\left\{\frac{a+b}{2}\right\}$ b) $S=\left\{\frac{pc-a}{2m},\,com\ m\neq 0\right\}$ c) $S=\{a^2+ab+b^2,\,com\ a\neq b\}$ d) $S=\{1,\,com\ b\neq 0\}$

e) $S=\{a-b,\,com\ c\neq d\}$ f) $S=\left\{\frac{ab}{2b+2c},\,com\ b\neq -c\right\}$ g) $S=\{b^2-a^2,\,com\ b\neq 0\}$ h) $S=\{2a-3m,\,com\ 2a\neq 3m\}$

140. a) $S=\left\{\frac{b}{a}, com\ a\neq 0\right\}$ b) $S=\{2a+b, com\ 2a\neq b\}$ c) $S=\{2a+b, com\ 2a\neq -b\}$ d) $S=\left\{\frac{c}{a-b}, com\ a\neq b\right\}$

e) $S=\{-a, com\ a\neq 0\}$ f) $S=\{a, com\ a\neq 0\}$ g) $S=\left\{\frac{1}{a+b}, com\ a\neq -b\right\}$ h) $S=\{a-b, com\ a^2\neq -b^2\ e\ a\neq -b\}$

141. a) $S=\{2, com\ b\neq 2\ e\ b\neq -2\}$ b) $S=\{2, com\ a\neq 1\ e\ a\neq -1\}$

Sistemas de Equações do 1º Grau

142. a) $S=\{(7,3)\}$ b) $S=\{(2,6)\}$ c) $S=\{(2,4)\}$ d) $S=\{(-5,7)\}$ e) $S=\{(2,-1)\}$

143. a) $S=\{(3,2)\}$ b) $S=\{(4,-1)\}$ c) $S=\{(1,4)\}$ d) $S=\{(3,2)\}$ e) $S=\{(-3,2)\}$

144. a) $S=\{(2,2)\}$ b) $S=\{(3,4)\}$ c) $S=\{(4,2)\}$ d) $S=\{(5,-3)\}$ e) $S=\{(-3,2)\}$

145. a) $S=\left\{\left(a,\frac{7-2a}{3}\right)\right\}$, sistema possível e indeterminado b) $S=\{(a,5a-3)\}$,sistema possível e indeterminado

c) $S=\varnothing$, sistema impossível d) $S=\left\{\left(\frac{9}{2},\frac{-1}{4}\right)\right\}$, sistema possível e determinado e) $S=\{\ \}$, sistema impossível

146. a) $S=\left\{\left(a,\frac{a-1}{2}\right)\right\}$, sistema possível e indeterminado b) $S=\varnothing$, sistema impossível

c) $S=\{4,3\}$, sistema possível e determinado d) $S=\varnothing$, sistema impossível e) $S=\{\ \}$, sistema impossível

147. a) $S=\{(1,2)\}$ b) $S=\{(8,2)\}$ c) $S=\{(10,7)\}$ d) $S=\{(2,3)\}$ e) $S=\{(2,1)\}$

148. a) $S=\left\{\left(\frac{49}{8},\frac{13}{8}\right)\right\}$ b) $S=\{(2,5)\}$ c) $S=\{(2,3)\}$ d) $S=\{(9,3)\}$ e) $S=\{(2,2)\}$

149. a) $S=\{(6,9)\}$

150. a) $S=\{(6,9)\}$ b) $S=\{(2,3)\}$ c) $S=\{(3,2)\}$ d) $S=\{(1,1)\}$ e) $S=\left\{\left(\frac{10}{11},\frac{-15}{2}\right)\right\}$

151. $S=\left\{\left(\frac{5}{4},\frac{5}{2}\right)\right\}$ **152.** a) $S=\{(1,2)\}$ b) $S=\left\{\left(\frac{1}{2},\frac{1}{3}\right)\right\}$ c) $S=\{(2,3)\}$ **153.** $S=\{(4,2)\}$

154. a) $S=\{(3,1)\}$ b) $S=\left\{\left(\frac{-10}{21},\frac{-5}{14}\right)\right\}$ c) $S=\{(3,-2)\}$

155. 70 **156.** 9 **157.** $S=\{(32,58)\}$ **158.** $S=\{(43,16)\}$ **159.** $S=\{(30,25)\}$

Apêndice

1. a) 801 b) 1271 c) 692 d) 239 e) 149 **2.** a) 4069 b) 423 c) 100 d) 451 e) 980

3. 19998 **4.** 1999 **5.** 65 **6.** 141 e 201 **7.** 120 e 360 **8.** 192 **9.** a) $\frac{3}{2}$ b) $\frac{31}{18}$ c) $\frac{53}{42}$ d) $\frac{431}{390}$ e) $\frac{662}{315}$ f) $\frac{82}{7}$

10. a) $\frac{6}{5}$ b) $\frac{4}{5}$ c) $\frac{109}{8}$ d) $\frac{40}{3}$ e) $\frac{11}{10}$ f) $\frac{3}{8}$ **11.** a) $\frac{7}{12}$ b) $-\frac{49}{12}$ c) $\frac{31}{20}$ d) $\frac{23}{12}$ e) $-\frac{32}{15}$ f) $-\frac{50}{7}$

12. a) 12,15 b) 129,357 c) 8,142 d) 14,49 e) 2,868 f) – 11,47 **13.** a) 24,31 b) 13,2 c) 340 d) 250 e) 24 f) 19,5 g) 27,5 h) 1,705 **14.** a) 23,45 b) 0,3412 c) 3,45 d) 6,25 e) 1,51 f) 3,42 g) 32 h) 106 i) 40 j) 5

15. a) 123,45 b) 1,3 c) 2,356 d) 0,0017 e) 0,9567 f) 51,15 g) 28,737 h) 2,1355 i) –2,781 j) 10,3 k) 30 j) 12,1

16. a) 1,514 b) 0,233 c) 68810,06 d) 14,028 **17.** $\frac{105}{16}$ **18.** $\frac{355}{12}$ **19.** 50 **20.** a) – 256 b) 10.000 c) $\frac{9}{25}$

d) 1 e) – 1 **21.** a) 64 b) 256 c) $\frac{1}{729}$ d) $\frac{1}{5^{14}}$ e) $\frac{1}{5^{12}}$ f) $\frac{1}{25}$ **22.** a) $\frac{189}{5}$ b) 38 **23.** $\frac{40747}{8100}$

24. a) 9 b) $\frac{25}{16}$ **25.** 16 **26.** a) -2^{-11} b) -3^{-8} c) 1 d) 2^{-8} e) -2^{6} **27.** a) -2^{9} b) -3^{6} c) 2 d) 1

28. a) S = {6} b) S = $\left\{\frac{1}{2}\right\}$ c) S = {4} d) S = {4} e) S = $\left\{\frac{3}{4}\right\}$ f) S = {4} g) S = {5} h) S = {1} i) S = $\left\{\frac{1}{40}\right\}$

j) S = $\left\{\frac{11}{23}\right\}$ **29.** a) S = {4} b) S = {2} c) S = {11} **30.** a) S = {7} b) S = $\left\{\frac{23}{17}\right\}$ c) S = {2} d) S = {– 3}

Testes

T1.B **T2.**D **T3.**D **T4.**B **T5.**D **T6.**C **T7.**D **T8.**D **T9.**D **T10.**D **T11.**D **T12.**E **T13.**B **T14.**C

T15.D **T16.**B **T17.**C **T18.**E **T19.**A **T20.**D **T21.**E **T22.**C **T23.**E **T24.**C **T25.**D **T26.**D **T27.**B **T28.**C

T29.B **T30.**D **T31.**B **T32.**D **T33.**E **T34.**A **T35.**B **T36.**B **T37.**C **T38.**C **T39.**E **T40.**A **T41.**E **T42.**A

T43.C **T44.**C **T45.**E **T46.**E **T47.**C

Questões

Q1. $\frac{3(x-1)}{4x}$ **Q2.** $2xy$ **Q3.** $x+y$ **Q4.** $x=\frac{-11}{12}$ **Q5.** João possui R\$ 42.000,00 e Pedro R\$ 30.000,00

Q6. a) 7 *pessoas* b) *R*\$ 8,00 **Q7.** $V_t = 1.485.000m^3$ **Q8.** 40 *bombons* **Q9.** 15 *minutos*

Q10. a) $P(n) = 156 - 2,5n$ b) 15 semanas

Q11. $(x,y) = \left(\frac{-1}{5}, \frac{-6}{5}\right)$ **Q12.** $-10,1$ **Q13.** $mdc = x+1, mmc = (x+1)^2(x-1)(x+2)$ **Q14.** $\frac{3(x+1)}{4x}$

Q15. $se\ x = 21\ e\ y = 9 \Rightarrow x - y = 12 \quad e\ se\ x = -21\ e\ y = -9 \Rightarrow x - y = -12$ **Q16.** *R*\$ 6000,00

Q17. 48 *reses* **Q18.** $2x^2 + 2y^2$ **Q19.** {4} **Q20.** $\{(3,4),(4,3)\}$

Bibliografia

ARANHA, Álvaro Zimmermann., RODRIGUES, Manoel Benedito. *Exercícios de matemática.* vol.1. 2ª ed. São Paulo: Editora Policarpo, 1994.

_____________. *Polinômios e Equações Algébricas.* Caderno de Atividades. 2ª ed. São Paulo: Editora Policarpo, 1994.

ARANHA, Álvaro Zimmermann. et alii. *Matemática nos Vestibulares.* 1994·1995·1996. 2ª ed. São Paulo: Editora Policarpo, 2001.

_____________. *Matemática nos Vestibulares.* vol. 2. 2ª ed. São Paulo: Editora Policarpo, 2002.

BIANCHINI, Edivaldo. *Matemática.* 7ª série. 5ª ed. São Paulo: Editora Moderna, 2002.

BOYER, Carl B. *História da matemática.* 2ª ed. Trad. Elza F. Gomide. São Paulo: Ed. Edgard Blucher Ltda, 1991.

CARLETTI, Ivo G. et ali. *Exercícios de Álgebra* . 1º volume. São Paulo: Livraria Nobel.

_____________. *Exercícios de Álgebra* . 2º volume. São Paulo: Livraria Nobel.

CASTRUCCI, Benedito., PERETTI, Ronaldo G., GIOVANNI, José Ruy. *Matemática.* São Paulo: Editora FTD, 1976.

CATTONY, Carlos. *Matemática.* 6ª série. 1º grau. São Paulo: Editora Ibrasa, 1979.

_____________. *Matemática.* Álgebra e Geometria. 7ª série. 1º grau. São Paulo: Editora Ibrasa, 1979.

EVES, Howard. *Introdução a história da matemática.* 3ª ed. Trad. Hygino H. Domingues. São Paulo: Ed. Unicamp, 2002.

GIOVANNI, José Ruy. et ali. *A conquista da matemática.* 7ª série. São Paulo: Editora FTD, 1992.

GUEDJ, Denis. *O Teorema do papagaio.* São Paulo: Cia das Letras, 2000.

IEZZI, Gelson. *Testes de matemática.* vol.1. São Paulo: Atual Editora, 1992.

_____________. *Testes de matemática.* vol. 2. São Paulo: Atual Editora, 1992.

IEZZI, Gelson. et. alii. *Tópicos de matemática.* vol. 1. 2ª ed. São Paulo: Atual Editora, 1981.

IEZZI, Gelson., MURAKAMI, Carlos. *Fundamentos da matemática Elementar.* Conjuntos e Funções. vol. 1. 6ª ed. São Paulo: Atual Editora, 1985.

LISBÔA, Joaquim I. de A. *Lições de Álgebra.* 1º volume. Paris: Gauthier Villares Livreiro Editor, 1995.

PARENTE, José Ruy., PARENTE, Eduardo. *Aprendendo matemática.* 7ª série. São Paulo: Editora FTD, 1999.

RODRIGUES, Eduardo Celestino. *1700 Exercícios de Álgebra.* São Paulo: 1940.

SERRÃO, Alberto N. *Exercícios e Problemas de Álgebra.* vol. 1. Parte A. Rio de Janeiro: 1966.

SERRASQUEIRO, José Adelino. *Tratado de Álgebra Elementar.* 17ª ed. São Paulo: Editora Coimbra, 1936.

SILVEIRA, Ênio. MARQUES, Cláudio. *Matemática.* 5ª série. 1ª ed. São Paulo: Editora Moderna, 1995.

_____________. *Matemática.* 6ª série. 1ª ed. São Paulo: Editora Moderna, 1995.

_____________. *Matemática.* 7ª série. 1ª ed. São Paulo: Editora Moderna, 1995.

SOUZA, Eliane Reame de. DINIZ, Maria Ignes de Souza Vieira. *Álgebra: Das variáveis às equações e funções.* 2ª ed. São Paulo: IME-USP, 1996.

THIRÉ, Cecil. *Exercícios de Álgebra.* 23ª ed. São Paulo: Livraria Francisco Alves.

Impressão e Acabamento
Bartira
Gráfica
(011) 4393-2911